WILLIAM THORP

UND DANN VERSCHWINDE ICH IN DIE NACHT

DER GOLDEN STATE KILLER

*Aus dem Französischen
von Lena Riebl*

KAMPA

Die französische Originalausgabe erschien 2023 unter dem Titel
L'affaire du Golden State Killer bei Édition 10/18, Univers Poche, Paris.

Für den Blick hinter die Verlagskulissen:
www.kampaverlag.ch/newsletter

Prolog

Frühjahr 1974, Rancho Cordova

Würde ein Vogel über Rancho Cordova fliegen, sähe die Stadt für ihn aus wie mit dem Pinsel hingetupft: ganz flach. In diesem Teil von Sacramento County, Kalifornien, reihen sich die einstöckigen Häuser aneinander wie Ziegelsteine. Niemand käme auf die Idee, aus der Reihe zu tanzen und ein zweites Stockwerk auf das erste zu setzen. Ein sportlicher Mann könnte mühelos Hunderte Meter zurücklegen, indem er von Dach zu Dach springt. Nur seine Schritte würden zwischen den Fertigbau-Wänden widerhallen. Nachts wäre der Mann zwischen den Eichen, die hoch in den Himmel ragen, und dem dichten Grün unsichtbar wie eine Katze auf der Jagd.

1974, ein Frühlingsabend. Richard Shelby, sechsunddreißig, fährt Streife durch die Straßen der Stadt. Er fährt langsam und ruhig. Der Polizist aus Rancho Cordova hat einen Grundsatz: Er schaltet auf keinen Fall Lichter im Fahrzeuginneren an. Wenn er darauf angesprochen wird, sagt er: »Haben Sie noch nie von den

Zebra-Morden gehört?« Ein Codename der Polizei für eine afroamerikanische Killer-Gang, die zwischen 1973 und 1974 in der San Francisco Bay mindestens fünfzehn von Rassenhass motivierte Morde beging. Die gesamte Frequenz Z des Polizeifunks ist ihnen vorbehalten. Z für Zebra. Richard Shelby ist überzeugt, dass neue Mitglieder der Gruppe zur Initiation einen weißen Mann töten müssen, am besten einen Polizisten. Deshalb fährt er nur noch im Dunkeln. Dass diese Morde über hundert Kilometer westlich der Stadt begangen werden und die Täter nie speziell Polizisten ins Visier genommen haben, spielt für Shelby keine Rolle. Für ihn ist die Angelegenheit ein weiterer Beweis dafür, dass niemand einem je etwas Gutes will und dass das Böse hinter jeder Ecke lauert.

In dieser Nacht sind die meisten Häuser in eine Dunkelheit gehüllt, gegen die der Mond nicht ankommt. Die wenigen Fußgänger tauchen erst im letzten Moment in Shelbys Blickfeld auf und werden von seinen Scheinwerfern geblendet. Da durchbricht ein Knistern aus dem Funkgerät die Stille seiner Tour. Im Sheriff's Department ist der Anruf eines Ehepaars eingegangen: Der Mann ist besorgt, weil aus dem Haus der Nachbarn in der Dolcetto Street, wo eigentlich niemand zu Hause sein sollte, Geräusche zu hören sind. Zwei Wagen sind schon unterwegs, aber Shelby ist nur ein paar Blocks entfernt. Ohne um Erlaubnis zu fragen, meldet er über Funk, dass er sich ebenfalls auf den Weg zum Tatort macht. Als er dort ankommt, spricht einer seiner Kollegen bereits mit dem Paar: Die verdächtigen Geräusche seien aus dem Hinterhof des Nachbarhauses gekommen, aber sie haben niemanden kommen oder gehen sehen. Die Polizisten beschließen, sich aufzuteilen. Shelby sieht mit einem Kollegen im Hinterhof nach, während ein dritter Beamter die Fassade zur Straße hin absucht. Einbruchsspuren sind nirgends zu entdecken. Die drei Polizisten umrunden das Haus noch ein zweites Mal und beschließen dann, sich wieder auf den Weg zu machen. Hier ist niemand.

Richard Shelby setzt sich wieder ins Auto. Er hat es nur ein paar Straßen weiter geschafft, als das Funkgerät wieder knistert. Das Paar in der Dolcetto Street hat einen Schatten aus dem Nachbarhaus flüchten sehen. Shelby wendet. Kurz nachdem die Beamten aufgebrochen seien, habe er wieder Geräusche gehört, sagt der Mann. Dann habe er auf dem Dach des Nachbarhauses eine Gestalt im Tarnanzug ausgemacht. Die Person sei etwa eins achtzig groß und blond gewesen. Ein junger Mann vermutlich. Ungefähr zwanzig Jahre alt, schätzt er. Der Mann muss die ganze Zeit dort oben gestanden haben, während die Polizisten den Ort des Geschehens inspizierten. Geschützt durch die Dunkelheit beobachtete er sie und sprang vom Dach, sobald sie weg waren. »Geschmeidig wie eine Katze«, sagt der beunruhigte Nachbar.

Shelby fährt zurück zum Haus. Das Garagentor steht offen. Bei ihrem ersten Besuch war es noch geschlossen gewesen. Auf der Schwelle sieht der Streifenpolizist ein Holzscheit liegen, ungefähr einen halben Meter lang und mit einer dunklen, klebrigen Flüssigkeit überzogen: Blut. So viel Blut, dass das Holz selbst kaum noch zu erkennen ist. Shelby wirft einen Blick in die Garage und beschließt hineinzugehen, ohne die Zentrale zu informieren. Er hat keine Lust auf die Kollegen, das Gewimmel und das Blaulicht. Er war schon immer ein Einzelgänger. Er wagt sich lieber allein vor, eine Hand an seiner Neun-Millimeter.

Er steigt die wenigen Stufen von der Garage zu den Wohnräumen hinauf und betritt das Haus. Mit ausgeschalteter Taschenlampe schleicht er weiter. Nichts ist zu sehen, nur ein ordentlich aufgeräumtes Haus. Nichts scheint bewegt worden zu sein, und kein Mensch ist da, von dem das Blut auf dem Holzscheit stammen könnte. Shelby öffnet die letzte Tür, die zum Schlafzimmer. Auch hier scheint alles in Ordnung zu sein. Er macht ein paar Schritte in den Raum hinein. Am Fußende des Bettes liegt ein kleiner, dunkler Haufen. Er richtet die Taschenlampe darauf: ein Welpe. Das Tier wurde offenbar so oft und so brutal mit dem dicken Holzscheit geschlagen, dass seine Eingeweide sich über den Fußboden verteilt haben. Halb unter dem Bett versteckt liegt der Kadaver, so als hätte der Hund, angsterfüllt, noch versucht, darunter Zuflucht zu finden. Der Officer schaut sich noch einmal um. Ein einziger Schatten zeichnet sich im schwachen Licht der Außenbeleuchtung ab: sein eigener. Der Mann vom Dach hat sich in Luft aufgelöst.

Der Polizist stellt schnell eine Verbindung zwischen dem abgeschlachteten Welpen und einer Reihe anderer Fälle her. Wie ein Kind, das Himmel und Hölle spielt, springt seit zwei Jahren ein Einbrecher in Rancho Cordova von Haus zu Haus und hinterlässt eine Spur aus toten Hunden. Regelmäßig werden der Polizei Fälle gemeldet, in denen Tiere in Treppenhäusern oder Wohnzimmern angegriffen werden und elendig verbluten. Die Lokalzeitung *The Grapevine* hat die Geschichte sogar schon auf der Titelseite gebracht, mitsamt dem Foto eines muskulösen, braunen Labradors namens Pups, der im Garten seiner Besitzer ermordet wurde. Das war im Februar 1972. Dem Hund waren mit einem schweren Holzprügel Rippen, Kiefer und Zähne zertrümmert worden.

Der Unbekannte schlägt immer nachts zu. Es geht ihm nicht nur darum, Hunde zu töten. Er geht so unauffällig vor, dass seine Opfer am nächsten Tag den Eindruck haben, von einem Geist bestohlen worden zu sein. Seinetwegen fangen die Leute an, die Stille zu fürchten. Die Medien und die Einwohner der Stadt haben ihm einen Spitznamen gegeben: Cordova Cat Burglar. Die Zahlen sind erschreckend. Allein in den ersten sechs Monaten des Jahres 1973 ist er in mehr als fünfzig Häuser eingedrungen, manchmal auch in mehrere in einer Nacht. Und auch die Art seiner Beute ist ungewöhnlich: Wertgegenstände rührt der Einbrecher meist nicht an. Er nimmt nichts als Kleinigkeiten mit, als wäre der Diebstahl nur ein Vorwand. Es ist auch schon vorgekommen, dass Paare mitten in der Nacht aufgewacht sind und in die Augen eines fremden Mannes blickten, der sie in der Dunkelheit schweigend beobachtete. Eine Frau hat ihn dabei ertappt, wie er sich über sie beugte und ihr über die Brüste strich.

Richard Shelby ist lange Zeit davon ausgegangen, dass die Einbrüche von Teenagern begangen werden, die auf die schiefe Bahn geraten sind. Aber an diesem Abend, im Schein der Straßenlaternen, zweifelt der Polizist an seiner Theorie. Ein Jugendlicher würde einen Hund nicht auf diese Weise abschlachten – und wenn doch, wäre er höchst gefährlich. Der Polizist ahnt nicht, dass er über diese Nacht Jahrzehnte später noch nachgrübeln wird. Wenn er doch nur die Zeit zurückdrehen und alles anders machen könnte. Er würde nicht noch einmal den einsamen Cowboy spielen. Er würde so viel Verstärkung anfordern wie nur möglich, jede Straße abriegeln lassen, jeden Dachziegel einzeln umdrehen, die Wände einreißen, jeden Busch und jeden Baum durchkämmen, keine Sekunde dieser Frühlingsnacht im Dunkeln ruhen lassen; er würde alles tun, um die Flucht dieser Ratte, die ihn vom Dach aus beobachtet hat, zu verhindern. Denn der Mann dort oben rüstet sich erst, ein Jahrzehnt des Schreckens über Sacramento County zu bringen.

TEIL EINS

Düstere Nacht

1976–1979

I

Die langen, schmalen Fenster sehen aus wie Schieß-
scharten und lassen das Gebäude wirken wie eine
unerschütterliche Festung. Das Sacramento Sheriff's
Department befindet sich in der 711 G Street, mitten
im Zentrum der Hauptstadt Kaliforniens. Die Botschaft
könnte nicht klarer sein: Hier wird das Gesetz vollzogen,
und an diesem Gesetz wird nicht gerüttelt. Die Büros
der Polizisten, die für Morde, Einbrüche und kleinere
Delikte zuständig sind, liegen im dritten Stock. Dort
sitzt nun auch Richard Shelby, in einem kleinen Raum,
in den nur ein Stuhl und ein Tisch passen. Wenn man
vom Flur aus den Kopf hineinstreckt, sieht man den ein
Meter neunzig großen Mann meist hinter seiner grauen
Royal-Schreibmaschine sitzen. Er trägt fast immer ein
weißes Hemd und eine Krawatte mit psychedelischem
Muster. Sein schwarzes Haar ist auf der rechten Seite zu
einer Welle gekämmt, seine Koteletten reichen bis zum
Kiefer hinunter, wie es gerade Mode ist.

Seit er Rancho Cordova vor zwei Jahren als Streifenpolizist durchquert hat, ist er zum Inspector aufgestiegen. Er
gilt als gefürchteter Ermittler. Wenn es darum geht, eine

neue Spur aufzutun, schreckt er nicht davor zurück, in Müllcontainer zu klettern, dreht in der ganzen Stadt jeden Stein einzeln um. Erst da draußen, wo er mit beiden Beinen auf dem Asphalt von Sacramento County stehen und mit stählerner Faust gegen Türen hämmern kann, fühlt Shelby sich wirklich in seinem Element. Er hat das hitzige Temperament eines Mannes, der explodiert, wenn er zu lange in seinem Büro eingesperrt ist.

Am Morgen des 5. Oktober 1976 sitzt Shelby in der Cafeteria des Sheriff's Department und pustet in seine Kaffeetasse. Er hört den Gesprächen der Kollegen zu, die gerade ihre Schicht beginnen, und den Abschiedsgrüßen derer, die die Nacht durchgearbeitet haben und jetzt zum Schlafen nach Hause gehen. Eine Stimme sticht heute heraus. Captain Stamm, ein Korea-Veteran mit schütterem Haar, berichtet, dass eine junge Frau in ihrem Haus in Citrus Heights, einem Vorort von Sacramento, überfallen wurde. Jemand habe sie gefesselt, geknebelt und dann vergewaltigt. Von ihrem Angreifer keine Spur. Ein Polizist ist schon vor Ort, zwei weitere Beamte sollen sich ihm anschließen. Der Captain deutet auf den achtunddreißigjährigen Richard Shelby und auf seine Kollegin, Detective Carol Daly, sechsunddreißig, meerblaue Augen.

Die beiden Detectives steigen ins Auto und fahren vom Norden der Stadt in den zwanzig Kilometer entfernten Ort. Eine Mittelschichtsgegend, die Rancho Cordova ähnelt: einstöckige Häuser mit leicht abfallenden Dächern, Gärten ohne Zäune und Mauern, die zum Betreten einzuladen scheinen. Die Sonne steht bereits hoch am Himmel, als sie vor dem großzügigen weißen

Haus am Woodpark Way halten. Die Hälfte der Fassade wird von einer breiten Garage eingenommen. Ein aufblasbarer Pool hinter dem Haus deutet auf Kleinkinder hin. Jane ist im Haus ihrer Nachbarin untergekommen. Ihr Haar ist zerzaust und ihre Bluse mit roten Flecken besudelt. Ihre Handgelenke bluten noch immer von den Fesseln. Mit gesenktem Blick erzählt sie vom Vormittag. Ihr Mann, ein Air Force Captain, habe das Haus um 6.30 Uhr verlassen. Ihr dreijähriger Sohn sei dann zu ihr ins Bett geklettert. Nur wenige Minuten später habe sie gehört, wie das Garagentor geschlossen wurde und sich schnelle Schritte näherten. Sie dachte, ihr Mann hätte vielleicht etwas vergessen, aber dann sah sie, wie die Schlafzimmertür sich öffnete. Ein Mann stürmte ins Zimmer, das Gesicht unter einer Skimaske verborgen, ein Fleischermesser in der Hand.

Jane schrie. Der Mann stürzte sich auf sie und zischte mit zusammengebissenen Zähnen: »Sei still! Ich will nur dein Geld. Ich tu dir nichts. Halt die Klappe und rühr dich nicht. Wenn du dich wehrst, kommt das Messer zum Einsatz.«

Und dann: »Wenn du nicht tust, was ich dir sage, bring ich dich um. Und deinen Sohn gleich mit.«

Der Maskenmann zog schwarze Schnürsenkel aus der Tasche und fesselte Janes Handgelenke mit einem Diamantknoten – einem Seemannsknoten. Er knebelte die Frau und das Kind, verband ihnen die Augen und fesselte auch ihre Knöchel. Jane erzählt, wie sie vorsichtig auf dem Bett herumrobbte und nach ihrem Sohn tastete. Sie wollte ihm durch eine Berührung Trost spenden, konnte ihn aber nicht erreichen. Sie fragte sich, was der Mann wohl mit ihm gemacht hatte. Lebte er noch? Würde er sie beide töten? Sie hörte, wie der Einbrecher in ihren Schränken herumwühlte und vor sich hin murmelte. Sie nahm seine leisen Schritte wahr, wenn er den Raum betrat und wieder hinausging. Und schließlich spürte sie in ihren gefesselten Händen etwas kleines Fleischiges, klebrig, wie mit Gleitgel eingerieben.

»Los, spiel damit«, sagte der Mann. Jane gehorchte. Dann löste er die Fesseln um ihre Fußgelenke. Sie erinnert sich noch genau an ihren Gedanken: Bitte nicht, alles, nur das nicht.

Richard Shelby und Carol Daly notieren sich alles. Jane erzählt, dass der Mann nach der Vergewaltigung in die Küche gegangen sei. Sie habe gehört, wie er im Kühlschrank gekramt und mit Töpfen und Pfannen geklappert habe. Er schien sich eine Mahlzeit zuzubereiten. Nachdem sie eine halbe Stunde lang nichts gehört hatte, schaffte Jane es endlich, den Knebel auszuspucken und ihre Augenbinde abzustreifen. Ihr Sohn lag nur ein paar Meter von ihr entfernt und schlief. Sie weckte ihn, und die beiden konnten sich, die Knöchel immer noch gefesselt, zur Hintertür hinaus retten. Es dauerte nur wenige Sekunden, bis eine Nachbarin ihnen zu Hilfe eilte.

Während seine Kollegin sich weiter um die Aussage des Opfers kümmert, nimmt Shelby sich die Umgebung des Hauses vor. Er geht zurück bis zum Shadow Brook Way, einer Straße, die von Janes Haus durch ein verlassenes Grundstück getrennt ist. Ein Anwohner erzählt ihm, hier sei am Morgen ein grüner Chevrolet Coupé geparkt gewesen. Der Detective erfährt außerdem, dass in den vergangenen Wochen ein merkwürdiger Einbrecher in der Gegend sein Unwesen getrieben habe. Er stahl Kleinkram und billigen Schmuck aus einem Haus und ließ diesen dann in einem anderen zurück, aus dem er wieder andere wertlose Gegenstände mitnahm. Beinahe so, als betriebe er einen Tauschhandel mit dem Trödel der Nachbarn. Auch Jane war kürzlich bestohlen worden. Man hatte ihr ein Paar Ohrringe und ein Armband entwendet. Zunächst hatte sie das gar nicht bemerkt, aber dann entdeckte sie neben ihrem Schmuckkästchen andere Accessoires, die ihr nicht gehörten. Der Einbrecher war durch das Zimmer ihres Sohnes hineingekommen, ebenso wie ein paar Tage später der Vergewaltiger.

Auf dem Rückweg zu dem weiß getünchten Haus ist Richard Shelby besorgt. Er fragt sich, ob hinter diesem Fall nicht mehr steckt als nur ein weiteres Verbrechen in einer von Kriminalität gebeutelten Stadt, in der täglich Schicksale und Leben zerstört werden. Der Mann mit der dunklen Maske ist nicht der Typ Verbrecher, der einem spontanen Impuls folgt. Er war mit den Arbeitszeiten des Ehemanns vertraut, er wusste, wie er ins Haus gelangen konnte, und dann löste er sich einfach in Luft auf, ohne von irgendjemandem gesehen zu werden. Er hatte einen Plan. Ein typischer Vergewaltiger geht anders vor. Richard Shelby spürt: Ob hier in den ruhigen Straßen von Citrus Heights oder sonst wo in den USA – dieser Mann hat sich nicht zum ersten Mal an einer Frau vergangen.

Zurück im dritten Stock des Sheriff's Department erkundigt sich Shelby, ob noch jemand in letzter Zeit einen Vergewaltigungsfall bearbeitet hat. Einen Fall wie den von Jane: eine junge Frau, gefesselt, geknebelt und vergewaltigt, und ein Verdächtiger mit einer dunklen Maske.

Ein Kollege erzählt ihm von einem seiner Fälle, dem einer zweiundzwanzigjährigen Frau im Paseo Drive, Rancho Cordova. Sie war am 18. Juni nachts aufgewacht und hatte in ihrem Zimmer einen Mann in einem dunkelblauen T-Shirt und mit einer weißen, handgestrickten Skimaske vorgefunden. Er hatte ihre Handgelenke so fest gefesselt, dass sie sich anfühlten wie amputiert. Sein Penis war klein, er hatte ihn mit Johnson's Baby Oil eingerieben. Shelby hört auch von einer Fünfzehnjährigen, die mitten in der Nacht aus dem Schlaf gerissen wurde, weil ein Mann sich auf sie gelegt hatte. Das war am 17. Juli gegen zwei Uhr morgens. Das Mädchen lebte nur fünfzehn Autominuten vom ersten Opfer entfernt in Carmichael. Ihre Eltern befanden sich gerade auf einer viertägigen Wandertour. Der Mann fesselte ihr die Hände hinter dem Rücken, drückte sich dann an sie und sagte: »Spiel damit.«

Ein anderer Detective berichtet von einem weiteren Fall im Malaga Way in Rancho Cordova: Eine einundvierzigjährige Mutter wurde von ihrer zwölfjährigen Tochter geweckt. Diese hatte durch das offene Fenster ihres Schlafzimmers einen maskierten Mann gesehen, der sie beobachtete. Ihre Mutter ging mit ihr zurück ins Kinderzimmer und schaute sich dort um. Sie sah nichts, nahm aber den Geruch von Rasierwasser wahr. Daraufhin eilte sie in das Zimmer ihrer zweiten Tochter, um diese zu wecken. Zurück im ersten Zimmer fand sie sich plötzlich Auge in Auge mit dem Mann wieder, der sie durch das Fenster anstarrte. Nur wenige Sekunden später stand er im Flur hinter ihr. Sein Gesicht war hinter einer Maske verborgen, er hielt eine Pistole in der Hand und trug weder Hose noch Unterwäsche. Die Frau wehrte sich, und der Mann konnte fliehen.

Schließlich war da noch eine neununddreißigjährige Frau, die ebenfalls in Carmichael lebt und in ihrem Haus von einem Mann mit einer grauen Maske und einem Messer überfallen wurde. Das war einen Monat zuvor, am 4. September. Der Vergewaltiger hatte ihre Handgelenke mit weißen Schnürsenkeln gefesselt und gesagt: »Gib dir Mühe, sonst bring ich dich um.«

Eine ähnliche Vorgehensweise, ein um die eins achtzig großer Mann, ebenfalls maskiert. Die gleichen Drohungen, die gleiche Vorliebe für Gleitmittel. Immer wieder die gleichen Städte im Osten von Sacramento. Wie Faustschläge kassiert Richard Shelby jede dieser Erzählungen ein. Er hört das Schrillen der Telefone nicht mehr, achtet nicht mehr auf die Diskussionen um sich herum und blendet das Klappern der Schreibmaschinen aus. Er wendet sich zu seinen Kollegen um und sagt: »Ich glaube, wir haben es mit einem gottverdammten Serienvergewaltiger zu tun.«

Während die Detectives im dritten Stock eingepfercht sind, sitzen im vierten Stock die hohen Tiere des Sacramento Sheriff's Department. Shelby weiß nur zu gut, dass er da oben nicht willkommen ist. Seine Beziehungen zu den Vorgesetzten, insbesondere zum Deputy

Sheriff, sind miserabel und überschattet von Jahren des Geschreis und der Tiefschläge. Shelby ist bekannt dafür, ein Hitzkopf zu sein. Als er seinem Lieutenant von seiner Entdeckung berichtet, ist er also nicht überrascht, dass der keine Miene verzieht. Er nickt, stellt aber keine Fragen. Er werde es selbst mit den Herren in der Vierten besprechen, sagt er. Kurze Zeit später wird Richard Shelby die Antwort des Sheriffs Duane Lowe übermittelt: »Die Informationen dürfen auf keinen Fall nach außen dringen. Wir müssen den Mann drankriegen, bevor die Sache an die Öffentlichkeit kommt und die Stadt in Angst und Schrecken versetzt.«

Die Journalisten, deren Beziehung mit der Polizei in etwa so verwoben ist wie die einer Glyzinie mit ihrem Gitterfenster, erhalten ebenfalls Anweisungen: Sie dürfen keinerlei Informationen über den Vergewaltiger veröffentlichen. Sie müssen alle Gerüchte im Keim ersticken. Um den Ermittlungen nicht zu schaden und keine Trittbrettfahrer zu inspirieren. Die Polizei werde den Kerl schon früh genug in die Finger kriegen. Dann komme die Story in die Presse.

Aber zwei weitere Übergriffe durchkreuzen den Plan.

Der erste ereignet sich am 9. Oktober in Rancho Cordova: Vier Tage nach Janes Vergewaltigung wird eine neunzehnjährige Frau um 4.30 Uhr morgens von einem Vermummten angegriffen. Der zweite am 18. Oktober: Zwei weitere Frauen werden vergewaltigt. Eine in Carmichael, die andere in Rancho Cordova. Die Tatorte liegen nur wenige Minuten Luftlinie voneinander entfernt.

Richard Shelby spürt, dass ihm die Sache entgleitet, in die Luft zu gehen droht. Stimmen werden laut, dass die drei Angriffe hätten verhindert werden können, wenn man die Bürger darüber informiert hätte, was nachts auf den Straßen ihrer Stadt vor sich geht. Sheriff Duane Lowe bleibt nichts anderes übrig, als den Fall öffentlich zu machen. Er bittet Richard Shelby und Carol Daly, zwei Bürgerversammlungen zu organisieren. Die erste findet am 3. November in der Del Dayo Primary School in Carmichael statt. Fünfhundert Menschen nehmen daran teil. Die Leute sehen aus, als hätten sie sich für eine Dinnerparty zurechtgemacht. Viele Männer tragen noch ihre weißen Bürohemden und Jacketts, die Frauen haben ihre Haare perfekt frisiert. Einige Paare haben Notizbücher dabei. Carol Daly ergreift das Wort. Sie lässt die Details aus, bestätigt aber die Tatsachen. Es sei richtig, dass ein Mann umgeht, der nach Einbruch der Dunkelheit Frauen in Sacramento County überfällt. »Dieser Mann ist ein Vergewaltiger. Er ist sehr gefährlich. Er kommt durch Fenster, die nachts offen gelassen werden, und durch Türen, die nicht abgeschlossen sind. Er findet Zweitschlüssel im Briefkasten oder unter einem Stein. Er weiß über Ihr Leben Bescheid, er kennt Ihre Gewohnheiten. Schließen Sie Ihre Vorhänge. Verriegeln Sie alle Türen. Halten Sie in Ihrer Nachbarschaft die Augen offen. Und rufen Sie uns sofort an, wenn Sie auch nur den geringsten Verdacht haben.«

Ein paar Stunden später geht die Lokalzeitung *Sacramento Bee* in Druck. Über einer Gerichtsreportage steht in riesigen Lettern die Schlagzeile: »POLIZEI SUCHT

MANN, DER IN ACHT VERGEWALTIGUNGSFÄLLEN VER-
DÄCHTIGT WIRD«. Die Journalisten haben ihm auch
einen Spitznamen gegeben: Sie nennen ihn den East
Area Rapist.

2

Richard Shelby wohnt mitten in der Gegend, wo der Verbrecher sein Unwesen treibt, in Rancho Cordova. Er lebt mit seiner Frau Eleanor und ihren beiden Söhnen Brian und Tom im El Manto Drive 2308. Ein einstöckiges Haus mit mehreren Schlafzimmern und einem Wohnzimmer, in dem sich Bücher stapeln. Der Garten hinter dem Haus ist so groß wie ein Fußballfeld, darin steht ein Grill, den der Detective selbst gemauert hat. Das klassische Haus einer mittelständischen amerikanischen Vorortfamilie. Aber Shelby hat diese Gegend vom ersten Tag an verflucht. Schon bevor der East Area Rapist dort nachts um die Häuser schlich, mochte er sie nicht. Jetzt mag er sie noch weniger. Er findet es inzwischen unerträglich, wie sich die Häuser aneinanderreihen wie Zähne in einem perfekten Gebiss und wie die Nachbarn im Vorbeigehen aus dem Augenwinkel in die erleuchteten Fenster schielen.

Er bevorzugt Orte in der freien Natur, wo es rundherum nichts gibt, wo man Fremde schon von Weitem kommen hört, wenn die Reifen ihrer Autos im Kies durchdrehen. Er hat ein Haus in der Wüste gefunden, weiter östlich, in Nevada, aber seine Frau weigert sich, dorthin zu ziehen. Sie hat Angst vor nächtlichen Besuchern.

In so einer Wüstengegend ist Richard Shelby auch aufgewachsen: im San Joaquin Valley im Herzen Kaliforniens. Eine weite Ebene, Weizenfeld an Weizenfeld, und dazwischen nur wenige Städtchen. Sein Heimatort heißt McSwain. Er besteht aus nicht viel mehr als einem Lebensmittelgeschäft und ein paar Bauernhöfen. In McSwain wohnen die Shelbys in einer alten Molkerei mit einer dicken Holztür und drei riesigen Eukalyptusbäumen im Garten. Shelbys Vater, ein unnachgiebiger Mann, stammt aus Oklahoma. Wie seine Nachbarn in McSwain verkörpert er den Mythos des »mannhaften Westens« und versucht, diesem treu zu bleiben. Hier weinen die Männer nicht und schießen dafür umso öfter. Es ist ein harter Ort, der die Haut an den Händen in Leder verwandelt und das Gemüt in eine sicher verriegelte Schatztruhe. Die Erziehung der Kinder folgt der gleichen Philosophie: Im Alter von zehn Jahren gehen Richard Shelby und seine Mitschüler schon ab und zu mit einem Gewehr oder einer Pistole am Gürtel zur Schule, um sich nach dem Unterricht in die Natur zu schlagen und Wild zu jagen. Die Lehrerin bittet sie dann nur, die Waffen an den Wänden des Klassenzimmers abzulegen und sie während des Unterrichts nicht anzufassen: Man nimmt einem Mann seine Waffe nicht weg, auch wenn er zehn Jahre alt ist.

Unter all den starken Männern, deren Heldentaten er lauscht oder die er beobachtet, wählt Richard Shelby bald sein Vorbild aus: Onkel Hoyt. Ein Mann, der im vorigen Jahrhundert ganz unten angefangen hat und sich nur durch Mut und Durchhaltevermögen zum Sheriff hochgearbeitet hat. Vor allem aber kennt Onkel Hoyt keine Angst. Richard Shelby erinnert sich noch genau an diesen einen Tag: Es stürmte heftig, und die beiden waren gemeinsam im Auto unterwegs. Der Wind rüttelte an dem Wagen, der Regen prasselte auf die Windschutzscheibe, und immer wieder erhellten Blitze die Straße. Doch der alte Mann saß am Steuer, als bemerkte er nichts davon. Als direkt neben ihnen ein Blitz in einen Telefonmast einschlug, riss Onkel Hoyt sogar lachend das Lenkrad herum, bewahrte das Auto lässig vor dem Ausbrechen und fuhr dann unbeirrt weiter. An diesem Tag entschied Richard Shelby, dass er später einmal werden würde wie Onkel Hoyt.

Deshalb ist es naheliegend, dass Shelby sich nach der Schule bei der Polizei bewirbt und an einem Auswahlverfahren teilnimmt. Er hat zwei Wünsche: Er möchte in einem Bezirk möglichst weit vom Zentrum Sacramentos entfernt eingesetzt werden. Und er möchte Uniform tragen. Beides wird ihm verwehrt. An seiner linken Hand fehlt ihm ein Teil des Mittelfingers, seit er bei einem Jagdausflug von einem Freund angeschossen wurde. Die Regeln sind eindeutig: Nur wer alle zehn Finger hat, darf die Polizeiuniform tragen. Aber am Tag nach seiner Ablehnung wird er zurückgerufen. Amerika führt Krieg in Vietnam. Jeden Tag kehren GIs schwer traumatisiert zurück. Oder tot, in Holzsärgen. Es herrscht Mangel an Polizisten. Richard wird angenommen. Am 1. August 1966 wird er offiziell Polizist. Aber man kann nicht alles haben: Er wird im Zentrum von Sacramento eingesetzt.

Seit zehn Jahren ist er jetzt schon in der Gegend, hat sie viele Male kreuz und quer durchstreift. Er kennt jeden Winkel zwischen seinem Arbeitsplatz und seinem Wohnort. Und doch ist der East Area Rapist ihm bislang entkommen. Shelby hat sich in seinem Büro sogar eine Karte des Sacramento County an die Wand gehängt. Jeder der acht Tatorte ist darauf mit einem roten Punkt markiert. Die Karte zeigt, dass das Jagdgebiet des Vergewaltigers begrenzt ist, man könnte es mit dem Auto in einer Viertelstunde durchqueren. Er treibt sein Unwesen nur in Rancho Cordova, Carmichael und Citrus Heights, drei Städten, die direkt an Sacramento City grenzen. Er scheint sich an diesen Orten zu bewegen wie jemand, der dort schon sein ganzes Leben verbracht hat. Er taucht auf und verschwindet wieder, und niemand hat irgendetwas gesehen. Daraus schließt der Detective, dass der Täter die Straßen, Gassen, Passagen und sogar die Kanalisation kennt wie seine Westentasche. Shelby ist sich sicher, dass der Mann hier aufgewachsen sein muss. Und vielleicht lebt er immer noch hier.

Am 10. November hat der East Area Rapist zum neunten Mal zugeschlagen, in Citrus Heights, diesmal bei einem sechzehnjährigen Mädchen. Sheriff Duane Lowe hat keine Zeit mehr zu verlieren. Er hat eine Task Force gegründet, die sich ausschließlich der Verfolgung des Vergewaltigers widmet. Sie besteht aus über vierzig Personen: Ermittlern, einem SWAT-Team, einer Hundestaffel, einigen Wissenschaftlern und Streifenpolizisten, die auf den Straßen unterwegs sind und sich unter die Leute mischen oder hinter Bäumen und in Straßengräben verstecken, in der Hoffnung, dass der Mann sich aus den Schatten herauswagt. Sie werden als X-Ray Units bezeichnet. Zwei Detectives, ein Mann und eine Frau, harren sogar in einem Haus in Rancho Cordova aus. Sie verbringen dort einen Teil des Tages und versuchen, das normale Leben eines normalen Paars nachzuahmen. Nachts schlafen sie auch dort und hoffen, dass der East Area Rapist auf sie aufmerksam wird. Auch Carol Daly gehört zu der Task Force. Sie hat einige der Tatorte gesehen, und die von ihr organisierten Bürgerversammlungen haben sie in den Medien zu einem der Gesichter der Ermittlungen gemacht. Richard Shelby dagegen handelt auf eigene Faust. Seine Vorgesetzten haben ihm die Erlaubnis erteilt, selbstständig zu ermitteln: Er soll weiter seine Runden durch die Gegend drehen, Anwohner befragen und jeden Ort, an dem der Täter sich gezeigt hat, unter die Lupe nehmen. Er hat freie Hand.

Shelby geht die Tatorte durch, wieder und wieder, unermüdlich. Ein Muster zeichnet sich ab: Der Vergewaltiger nähert sich den Häusern meist von der Rückseite her, er klettert über Zäune, versteckt sich im Unterholz und wartet dann auf eine günstige Gelegenheit. Er scheint über den Tagesablauf seiner Opfer informiert zu sein – entweder kennt er sie also persönlich, oder er beobachtet sie tagelang. Der East Area Rapist geht bei der Wahl seiner Opfer nicht willkürlich vor. In den Tagen vor der Tat ruft er die Frauen häufig an. Einige Sekunden hören sie am anderen Ende der Leitung nichts als seinen heiseren Atem, dann wird der Hörer aufgelegt. Er bricht vor seinen Angriffen auch in die Wohnungen ein: durchsucht sie, verrückt Gegenstände, wühlt in Wäscheschubladen und stiehlt Schmuck. Manchmal taucht seine Beute dann auf einem benachbarten Dach wieder auf. Das gibt Shelby Rätsel auf, bis ihm irgendwann klar wird, dass der Mann die Schmuckstücke nicht von den Gärten aus nach oben wirft. Er verliert sie, während er von Dach zu Dach springt.

Anhand der Beschreibungen der Opfer hat der Ermittler ein Phantombild des Vergewaltigers mit der Skimaske erstellt. Ein ganz normaler Typ: Mitte zwanzig, eins achtzig groß, durchschnittliche Statur. Auffällige Merkmale: seine behaarten, sehr muskulösen Waden und sein kleiner Penis. Seine Stimme ist tief, aber er scheint sie zu verstellen. Manchmal stottert er oder spricht mit sich selbst, als führte er einen inneren Kampf. Seine Vorgehensweise hat sich seit seinem ersten Angriff nicht verändert: Er fällt über seine Opfer her, während sie schlafen, das Gesicht hinter einer Maske verborgen, und fesselt ihre Handgelenke. Er verwüstet ihre Häuser, und nach den Vergewaltigungen plündert er die Kühlschränke und kocht sich etwas zu essen. Manchmal trinkt er auch ein paar Flaschen Bier.

Wer kann dieser Mann sein? Richard Shelby hat in Erfahrung gebracht, dass der Gesuchte eine Vorliebe für Drillichanzüge und Kleidung in Tarnfarben hat; dass er mit Messern umgehen und unlösbare Knoten knüpfen kann. Eine Theorie scheint sich also geradezu aufzudrängen: Ist der Täter bei der Army? Ist er ein Vietnam-Veteran? Fünf Militärstützpunkte befinden sich im Großraum Sacramento. Allein auf der Air Force Base in Mather, nur ein paar Autominuten von Rancho Cordova entfernt, sind mehrere Tausend Soldaten stationiert. Das würde erklären, wie sich der Mann nach seinen Taten so mühelos in Luft auflösen kann. Shelby ist nicht der Einzige, dem diese Zusammenhänge aufgefallen sind. Das Sheriff's Department hat sich an einen Colonel der Green Berets, der amerikanischen Special Forces, gewandt, der den Detectives beratend zur Seite stehen soll. Der Colonel hat ihnen gesagt: »Suchen Sie ihn da, wo Sie ihn am wenigsten erwarten. Suchen Sie ihn auf den Dächern, im Gestrüpp, in den Bäumen, an den unmöglichsten Orten. Und: Nur weil Sie ihn nicht sehen, heißt das nicht, dass nicht *er Sie* genau in diesem Moment beobachtet. Wenn er wirklich ein Profi ist, kann er stundenlang in einer Position verharren, ohne eine Bewegung und ohne ein Geräusch. Stellen Sie ihn sich als Schlange vor oder als Leopard, der in der Dunkelheit lauert und auf den richtigen Moment wartet, um zuzuschlagen.«

Richard Shelby wälzt all diese Informationen und Elemente in seinen Gedanken, als er am 18. Dezember 1976 um einundzwanzig Uhr zu einem neuen Tatort gerufen wird.

Das Opfer heißt Kris MacFarlane. Sie ist fünfzehn Jahre alt. Sie war allein zu Hause, die Eltern zu einer Weihnachtsfeier bei Freunden eingeladen. Sie saß am Klavier, als sie plötzlich eine kalte Klinge an der Kehle spürte. Dann hörte sie dicht hinter sich seine Stimme:

»Steh auf. Einen Mucks, und ich schlitze dich auf. Und dann verschwinde ich in die Nacht.«

Er fesselte ihre Handgelenke mit Schnürsenkeln und führte sie zu einer Bank im Garten hinter dem Haus. Dort musste sie minutenlang ausharren, während sie

ihn in der Küche lärmen hörte. Er knallte mit Schrank-
türen, wühlte sich durch Schubladen. Dann spürte sie,
dass der Mann wieder näher kam. Sie wurde sein zehn-
tes Opfer.

3

Die Wochen vergehen, eine Schlagzeile jagt die nächste. Am 24. Januar 1977 titelt die *Sacramento Bee*: »VERGEWALTIGER WIEDER ZUGESCHLAGEN«. Am 7. Februar: »ERNEUTER ANGRIFF DES EAST AREA RAPIST?« Am 8. März: »WEITERE TAT DES SERIENVERGEWALTI-GERS?«.

Die Bilanz des East Area Rapist im Frühjahr 1977 ist erschreckend: Innerhalb von neun Monaten wurden bei der Polizei vierzehn Vergewaltigungen angezeigt. Jedes Mal tritt der Polizeisprecher vor die Presse und fasst in resigniertem Tonfall zusammen: »Das Vorgehen war wieder das gleiche wie bei den letzten Übergriffen.« Die Ermittler fangen an, den Satz ernst zu nehmen, den der Vergewaltiger vor jeder seiner Taten wiederholt wie ein Mantra: »*I'll be gone in the dark.* Dann verschwinde ich in die Nacht.«

Die Stadt verbarrikadiert sich. Die Fenster, die früher nach Einbruch der Dunkelheit geöffnet wurden, um die kühle Luft vom American River hereinzulassen, bleiben nun geschlossen. Die Türen werden doppelt verriegelt. Die Leute strömen in die Baumärkte: Alle kaufen neue Schlösser, die komplizierter und sicherer sein sollen, und installieren die modernsten Alarmanlagen. Manche Leute bringen sogar Gitterstäbe vor ihren Fenstern an und legen sich Wachhunde zu. Experten der Polizei erklären bei Bürgerversammlungen, wie die Menschen ihre Häuser mit einfachen Mitteln besser sichern können:

»Hängen Sie Glöckchen an die Türen und Fenster. Spannen Sie Drähte von den Türen bis zu Ihrem Nachttisch, damit Sie hören, wenn sich etwas bewegt und jemand ins Haus eindringt.«

Nachts kreisen Hubschrauber über der Stadt. Das Rattern ihrer Rotorblätter schallt vom Himmel herunter. Ihre Suchscheinwerfer sind so hell, dass sie in jeden noch so verborgenen Winkel der Gärten und Wälder rund um die Häuser dringen.

Überall herrscht hinter verrammelten Türen dieselbe Wachsamkeit, werden die gleichen Maßnahmen ergriffen. Baseballschläger, Hämmer und Revolver werden unter Bettgestelle geschoben. In einem Haus haben die Leute Mäntel und andere Kleidungsstücke auf ihre Betten gehäuft, damit es so aussieht, als würde unter der Decke niemand liegen. Nebenan haben die Erwachsenen eine Art Bereitschaftsdienst eingeführt: Einer der beiden muss immer wach sein. In einem anderen Haus verbringt der Vater die Nächte mit einer Waffe in der Hand auf der Wohnzimmercouch, um auf jeden Einbruchsversuch sofort reagieren zu können. Das nächste Haus steht einfach leer: Die Bewohner haben sich in ein Motel eingemietet. Den Nachbarn haben sie gesagt, sie kämen erst zurück, wenn der Täter hinter Schloss und Riegel sei.

Die Waffenverkäufe explodieren: 1977 werden in der

Gegend fünftausend Schusswaffen mehr verkauft als im Vorjahr. In den verschlafenen Städtchen rund um Sacramento, wo die Nächte immer ruhig waren, sind jetzt manchmal Schüsse zu hören: Betrunkene Ehemänner oder Jugendliche, die nach einer Party nach Hause kommen, sind die Opfer. Auch Postboten, Milchlieferanten und Gärtner haben es gerade nicht leicht. Sie werden in den Vorgärten in den frühen Morgenstunden mit misstrauischem Blick, mit hinter dem Rücken versteckten Waffen empfangen. Eine Bürgerwehr hat sich gebildet. Ausgestattet mit einem Polizeifunkgerät patrouillieren die wachsamen Anwohner durch die Nachbarschaft. Sie nennen sich selbst die EARS Patrol, die East Area Rapist Surveillance Patrol. Den Namen schreiben sie in großen Buchstaben auf ihre Autos, wie eine Botschaft an den Vergewaltiger. In der *Sacramento Bee* haben sie eine ganzseitige Anzeige veröffentlicht: Hinweise, die zur Festnahme des Verbrechers führen, werden mit fünfzehntausend Dollar belohnt. Jemand hat in einer der Städte eine Schaufensterpuppe an einem Baum aufgeknüpft. Sie trägt eine Maske und ein rosafarbenes Schild um den Hals mit der Aufschrift *East Area Rapist*.

März 1977. Richard Shelby sitzt auf der Motorhaube seines Autos. Ein Fuß am Boden, den anderen auf der Stoßstange seines Dodge abgestützt. Die Scheinwerfer hat er ausgemacht, den Motor abgestellt. So lässt er sich von der Nacht verschlucken. Er steht am American River. Der Fluss wird von dichten Nadelbäumen und fächerartigen Platanen gesäumt und trennt Rancho Cordova von Carmichael. Der ideale Ort, um unbemerkt vom einen Vorort in den nächsten zu gelangen. Shelby ist überzeugt, dass der Fluchtweg des East Area Rapist hier entlangführt. Also wartet er auf ihn. Er hat eine Wärmebildkamera dabei, mit der er im Dunkeln sehen kann wie am helllichten Tag. Durch die Kamera sind warme Körper an dem roten Dunst zu erkennen, der von ihnen aufsteigt. Verwendet man zusätzlich ein Fernglas, ist dieser aus Dutzenden Metern Entfernung zu sehen. Aufmerksam lässt er seinen Blick schweifen, nimmt jede einzelne Eiche wahr, jede Bewegung im Wasser, jede Reflexion des Mondes auf dem Boden. Er lauscht in die Stille hinein. Irgendwann wird der Moment kommen, da der Atem eines Mannes diese scheinbare Ruhe durchbricht.

In Shelbys Kopf kreisen die Gedanken. Er fragt sich, ob er etwas übersehen hat. Warum dieses Haus? Warum jene Frau? Immer wieder geht er die Akten der vierzehn Fälle durch. Er klappt sie auf und zu, auf und wieder zu. Er kennt jede Seite auswendig. Er schläft mit ihnen ein und wacht mit ihnen auf. Morgens beim Frühstück zitiert er seiner Frau Eleanor oft Auszüge aus den Berichten. Dann setzt er sich in sein Auto und fährt wieder und wieder den Woodpark Way, den El Segundo Drive und den Ladera Way entlang – die Straßen, in denen die Vergewaltigungen begangen wurden. Jeder weiß, dass Verbrecher immer wieder an ihre Tatorte zurückkehren. In jedem Gesicht, in das er schaut, jeder Gestalt, die ihm entgegenkommt, sieht Shelby einen potenziellen Verdächtigen. Er geht jeder Spur nach, so unmöglich und absurd sie auch erscheinen mag: der Nachbar, dem ein aufdringlicher Blick nachgesagt wird, der Bruder von

Soundso, der »so eine komische Aura hat«, der Mann von gegenüber, »den Sie besser mal genau unter die Lupe nehmen sollten, wenn Sie mich fragen«. Manchmal weckt eine Spur einen Hoffnungsschimmer in ihm. Meistens löst der sich aber nach einem aufmerksamen Blick in Luft auf.

Arthur P. zum Beispiel: ein Meter achtzig groß, schwarze Haare, blaue Augen und ein Gang, der nichts Gutes verheißt. Als die Polizei ihm einen Besuch abstattet, trägt der Verdächtige ein Messer in einem Lederetui bei sich. Aus seinem Strafregister geht hervor, dass er in den sechziger Jahren wegen mehrerer Vergewaltigungen in Sacramento verhaftet und offiziell als »seelisch gestörter Sexualstraftäter« eingestuft wurde. Arthur P. hat in Vietnam gekämpft. Richard Shelby lässt ihn überwachen, tagelang, wochenlang. Nichts kommt dabei heraus.

Dann ist da dieser Priester, den ein Officer der California Highway Patrol dabei erwischt, wie er mit dem Auto einem Mädchen folgt, das gerade einen Irish Pub in Fair Oaks verlässt, nicht weit von Rancho Cordova. Der Geistliche verfolgt das Mädchen bis nach Hause und fährt dann davon.

Außerdem wird B. verhaftet: Ein vierunddreißigjähriger Mann, eins achtzig, mit hellem Haar, der in Sacramento County eine junge Frau drei Stunden lang gefangen gehalten hat. Er fesselte sie und verband ihr die Augen.

Solche Männer gibt es wie Sand am Meer. Dutzende, Hunderte. Männer, auf die die Beschreibungen perfekt passen und die sich im Leben schon so einige Fehltritte geleistet haben. Richard Shelby lauert darauf, dass einer von ihnen sich endlich verrät. Vergeblich.

Neun Monate sind inzwischen vergangen. Noch immer gibt es keine Festnahmen. Manchmal fragt sich Richard Shelby, ob er ein schlechter Polizist ist. Oder ist der East Area Rapist ein böses Genie? Der Sergeant könnte eine Menge Ausreden finden: Die Behörde, für die er arbeitet, ist heruntergekommen, schon seit vielen Jahren dem Verfall überlassen. Als er Polizist wurde, stand das Department unter der Leitung von John Misterly alias Big John, einem Hundertdreißig-Kilo-Mann mit der Visage eines tollwütigen Hundes, der die vier Stockwerke mit eiserner Faust führte. Seinen Ruf verdankte der Mann seinem harten Durchgreifen gegen die Hell's Angels, denen er im County das Handwerk gelegt hatte. Als Polizist war er brutal und effizient, aber seine Verwaltungsaufgaben kümmerten ihn herzlich wenig. Als er Anfang der siebziger Jahre den Dienst quittierte, ließ er sein Team mit einer desolaten Ausrüstung zurück. Die Waffenkammern des Sheriff's Department sind voll mit Tommy Guns, Überbleibseln aus den zwanziger Jahren. Nur ein Wagen ist mit einem Flutlicht ausgestattet, mit dem man die Straßen nachts taghell erleuchten kann. Dazu kommt der Konkurrenzkampf zwischen den verschiedenen Dienststellen im County. Einige von ihnen halten Informationen zurück, weil sie diejenigen sein wollen, die den Täter schnappen. Andere versäumen einfach, neue Erkenntnisse weiterzugeben, oder verwischen aus Inkompetenz entscheidende Spuren. Ein Zwischenfall will Richard Shelby nicht aus dem Kopf gehen:

Ein Zwanzigjähriger rief beim Sheriff's Department an und meldete, er habe gerade eine Tasche entdeckt, die in seinem Garten versteckt worden war. Darin befänden sich eine Skimaske, Handschuhe und eine Taschenlampe. Haargenau die Ausrüstung des Vergewaltigers. Der Beamte, der den Anruf entgegennahm, antwortete lakonisch: »Schmeißen Sie das Zeug einfach weg.«

Gäbe es doch nur Spuren, die Shelby und seine Kollegen auswerten könnten. Aber jeder Zentimeter der Tatorte wurde unter die Lupe genommen und mit Spurensicherungspulver bestäubt – der East Area Rapist hat keine brauchbare Spur hinterlassen. Nicht eine einzige, nicht einmal auf den Körpern seiner Opfer; wenn er sie berührt, zieht er seine Handschuhe selten aus. Es scheint ihnen nichts anderes übrig zu bleiben, als ihn auf frischer Tat zu ertappen. Doch obwohl Richard Shelby jeden Bericht genauestens studiert, jede Bewegung des Vergewaltigers analysiert, seine Vorgehensweise zu verinnerlichen versucht und immer wieder die Karte der Tatorte studiert, taucht der Vergewaltiger nie dort auf, wo man ihn gerade erwartet. Er weicht jedem Hinterhalt der Polizei aus, als könnte er sie im Voraus erahnen. Den Sergeant beschleicht manchmal das Gefühl, der Mann würde auch ihn beobachten, ihm über die Schulter schauen. Als wäre er jederzeit da, unter ihnen. Manchmal fragt Shelby sich: Was, wenn der East Area Rapist ein Polizeibeamter aus Sacramento County ist?

Eine Geschichte bringt ihn zum Nachdenken: Eines Abends glaubte eine Frau, jemanden um ihr Haus am Sunrise Boulevard in der Nähe des American River schleichen zu sehen. Richard Shelby war als Erster bei ihr. Aber als die Frau ihm die Tür öffnete, schaute sie ihn ganz erstaunt an. Sie war davon überzeugt gewesen, dass bereits ein Polizist in der Nähe wäre und nach dem Stalker suchte. Ein paar Minuten zuvor hatte sie vor ihrem Fenster ein Funkgerät knacken gehört.

Eine der wenigen Spuren, die Shelbys Kollegen finden, ist ein Blutstropfen im Haar eines Opfers. Der Vergewaltiger hat sich wohl verletzt, als er die Frau angriff. Daraufhin wird die Blutgruppe von hundert Polizisten aus dem County untersucht, die dem Phantombild des East Area Rapist mehr oder weniger ähneln. Ein paar Tage später kommen dann die Ergebnisse zurück: kein Treffer. Von den Beamten, die dieselbe Blutgruppe haben wie der Täter, ist keiner der Vergewaltiger. Sollte er also tatsächlich Polizist sein, dann arbeitet er nicht in Sacramento.

Die Ermittlungen geben Richard Shelby manchmal das Gefühl, einer Fata Morgana nachzujagen, einem Mann ohne Gesicht, ohne Namen und ohne Vergangenheit. Doch seit einigen Wochen hat er wieder Hoffnung geschöpft. Er hat ein neues Phantombild bekommen: Die Zeichnung zeigt den Verdächtigen in militärischer Aufmachung, mit zusammengekniffenen Augen und dünnem blondem Haar, seitlich gescheitelt. Auf diese Spur haben ihn zwei Detectives aus Visalia, einer Stadt vier Autostunden von Sacramento entfernt, gebracht. Laut den beiden Männern könnte es sich um das Gesicht des East Area Rapist handeln.

4

John Vaughan erfüllt jedes Klischee eines massigen Mannes aus dem ländlichen Amerika, der sich sein Leben lang von Rindfleisch und Mais ernährt hat. William McGowen ist jünger, Mitte dreißig, trägt das schwarze Haar zur Seite gegelt. Er hat eine sanfte Stimme und öffnet den Mund beim Sprechen kaum. Zwei unterschiedliche Typen von Polizisten, die Shelby aber eine gemeinsame Botschaft überbringen: Bei ihnen unten, im Süden, war ein Mann unterwegs, der die Gegend auf ganz ähnliche Weise terrorisiert hat, wie der East Area Rapist es in Sacramento County tut. Man nennt ihn den Visalia Ransacker.

Drei Jahre zuvor, im April 1974, fing es an, in der Nähe des College of the Sequoias: Anfangs jede Woche, aber bald schon jeden Abend, sucht ein ungewöhnlicher Einbrecher Häuser heim, deren Bewohner gerade unterwegs sind. Er stiehlt nie etwas von großem Wert, aber er verwüstet die Häuser. Er zerreißt Kleidungsstücke, bringt alles durcheinander und scheint – das Seltsamste an der Sache – wie besessen zu sein von den Familienfotos. Er stellt sie um, zerschneidet oder zerreißt sie, schmettert die Rahmen gegen die Wände, und die Bilder, die ihm gefallen, nimmt er mit. Der Einbrecher scheint auch ein Faible für Damenunterwäsche zu haben. Er holt sie aus den Schubladen und drapiert sie auf den Betten, als steckte ein Frauenkörper darin, oder reiht sie entlang der Hausflure aneinander, als wollte er eine Spur legen. Manche Familien finden Sperma in ihren Schlafzimmern. Manche stellen fest, dass der Einbrecher ihre Handcremes benutzt hat.

Anfangs steigt der Täter in ein Haus pro Woche ein, höchstens zwei. Dann wird der Abstand zwischen den Einbrüchen immer kürzer. Manchmal schlägt er innerhalb einer Woche in vier, fünf oder sechs Häusern zu. Innerhalb von fünfzehn Monaten werden ihm über achtzig Einbrüche zugeschrieben. Seinen persönlichen Rekord stellt er an einem Thanksgiving-Wochenende auf: dreizehn Häuser innerhalb von zwei Tagen. Sein Modus Operandi ist immer derselbe: Der Mann stellt sicher, dass er einen Fluchtweg hat, und platziert Porzellangeschirr oder einen Stuhl vor den Eingangstüren. Das Geräusch einer berstenden Tasse wird für die Bewohner der Gegend zu einem Alarmsignal. Es bedeutet: Der Visalia Ransacker ist in der Nähe.

Dann, am 11. September 1975, nimmt der Fall laut den Berichten Vaughans und McGowens eine neue Dimension an. Ein sechzehnjähriges Mädchen wird um zwei Uhr morgens aus dem Schlaf gerissen: Sie spürt Hände im Gesicht, die versuchen, sie zu knebeln. Vor ihr steht ein Mann mit einer schwarzen Maske und einem Revolver in der Hand. Er befiehlt ihr, ihm hinaus in den

Garten zu folgen. Der Vater des Mädchens, Claude Snelling, ein Professor für Journalistik, hört den Lärm und kommt aus dem Schlafzimmer. Als er den beiden in den Garten folgt, schießt der Mann mit der Maske zweimal auf ihn. Dann richtet er den Revolver auf das Mädchen, schlägt es nieder und flüchtet. Claude Snelling stirbt auf dem Weg ins Krankenhaus. In dieser Nacht wird der Visalia Ransacker vom Einbrecher zum Mörder. Die Akten seiner vorangegangenen Taten werden erneut aufgeklappt, jedes Haus, in das er eingebrochen ist, noch einmal analysiert wie ein neuer Tatort. Jeder Fußabdruck, jede Spur wird unter die Lupe genommen. Ein führender Psychiater, Dr. Joel Fort, der zwei Jahre später für seine Interviews mit Charles Manson Berühmtheit erlangen soll, wird beauftragt, das Verhalten des Mörders zu analysieren.

Er zeichnet das Bild eines Täters, »der in erster Linie Stalker und Voyeur ist«, für den »die Einbrüche eher Mittel zum Zweck sind und der Diebstahl zweitrangig. Sein Hauptmotiv sind Sexualverbrechen. Er darf keine Aufmerksamkeit auf sich ziehen […] und führt ein einsames Leben ohne enge Freunde oder soziale Beziehungen. Er lebt wahrscheinlich schon lange in der Gegend, aber die Nachbarn wissen sehr wenig über ihn. Er ist ein Einzelgänger.«

William McGowen, der junge Polizist aus Visalia, spricht mit Eltern, die unter dem Fenster ihrer neunzehnjährigen Tochter in der West Kaweah Avenue dreimal Fußspuren gefunden haben. Er legt sich dort auf die Lauer, in der Garage, die zur Straße hin zeigt. In der schützenden Dunkelheit der Nacht beobachtet er einen Mann, der an der Garage vorbei- und am Haus entlanggeht. Er hat eine breite Statur, trägt Jeans, eine Tarnjacke und eine schwarze Maske auf dem Kopf, die er aber noch nicht übers Gesicht gezogen hat. McGowen ist sich sicher, dass er den Visalia Ransacker vor sich hat. Er zieht seinen Revolver, pirscht sich an und richtet die Waffe auf den Mann. Dieser kreischt: »Oh Gott! Bitte tun Sie mir nichts!« Die Stimme des Verdächtigen wird immer höher, er tänzelt auf der Stelle, bewegt sich nach links, nach rechts, nach vorne, nach hinten. McGowen schießt auf den Boden. Noch eine Bewegung in die falsche Richtung, und er ziele auf die Brust, warnt er. »Ich ergebe mich!«, jammert der Mann. Er hebt die rechte Hand in die Luft. »Sehen Sie, Sie haben mich erwischt.« Aber gleichzeitig zieht er mit der anderen Hand ebenfalls eine Waffe und schießt auf den Polizisten. Plötzlich stehen die beiden Männer im Dunkeln. Mit einem Schuss hat der Stalker McGowens Taschenlampe ausgeknipst. Die Schüsse und das Geschrei alarmieren einen anderen Polizisten, der über Funk eine Nachricht absetzt: »Der Visalia Ransacker ist hier. Riegeln Sie alles ab.« Bald durchkämmen über vierzig Polizisten die Gegend mit Spürhunden. Jedes Gebüsch wird durchsucht. Doch der Visalia Ransacker ist verschwunden.

Etwas mehr als ein Jahr später sitzen die drei Detectives sich in Richard Shelbys winzigem Büro gegenüber. Der Sergeant aus Sacramento hat den beiden Besuchern aufmerksam zugehört. Die Beschreibungen des Einbrechers, der kaum etwas stiehlt, eine perverse Vorliebe für Damenunterwäsche hat, die Gleitmittel seiner Opfer verwendet und eine dunkle Maske mit nur zwei Löchern für die Augen trägt, passen zu dem Mann, hinter dem Shelby her ist. Er betrachtet das Phantombild, das die Polizisten aus Visalia mitgebracht haben.

Die mandelförmigen Augen, die runden Wangen und das strohblonde, seitlich gescheitelte Haar wirken nicht gerade furchteinflößend. Shelby hat das Gefühl, in das Gesicht eines Teenagers zu blicken, der seine Freizeit am liebsten im Donut-Shop verbringt.

Er fragt die beiden Detectives, was nach dieser nächtlichen Begegnung passiert sei. Die beiden seufzen. In resigniertem Ton erzählen sie, der Visalia Ransacker werde verdächtigt, noch zwei Häuser verwüstet zu haben, dann sei er von der Bildfläche verschwunden. Sein Phantombild war in allen Lokalzeitungen zu sehen und hing in jedem Police Department. Hätte er weitergemacht, wäre er früher oder später gefasst worden. Sie glauben, dass er die Gegend verlassen hat. Richard Shelby wirft noch mal einen Blick auf die Daten. In Visalia ist der Täter zuletzt im Dezember 1975 aufgefallen. Sechs Monate später begann die Vergewaltigungsserie im Sacramento County.

5

Wenn der Visalia Ransacker und der East Area Rapist tatsächlich ein und dieselbe Person sind, bestätigt das nur die Theorie der Polizisten des Sacramento Sheriff's Department über das Kalifornien der sechziger und siebziger Jahre: Die Region ist ein Magnet. Ein Magnet, der brutale Mörder, Vergewaltiger und Soziopathen aus ganz Amerika anzieht. Da sind natürlich die prominenten Fälle, die durch die Medien gehen: Charles Manson, der Guru aus Los Angeles mit dem schwarzen Zottelhaar, dem man nachsagt, er habe den Blick des Teufels, und der 1969 einige seiner jugendlichen Anhänger zu einem an satanische Rituale angelehnten Massaker anstiftete, bei dem sie die Schauspielerin Sharon Tate und vier ihrer Freunde ermordeten. Oder der Zodiac Killer, dem offiziell fünf Morde zugeschrieben werden und der seit Jahren die Polizei und die Lokalpresse verspottet. Nach jedem Verbrechen verschickt er Briefe und verschlüsselte Botschaften, die er mit einem durchgestrichenen Kreis, einer Art Zielscheibe unterzeichnet. Aber das ist noch nicht alles. Außerhalb des medialen Scheinwerferlichts gibt es noch viele weitere, ebenso schreckliche Fälle: zum Beispiel den Stinky Rapist, ein

Vergewaltiger, dem ein Benzingeruch anhaftet und der in den siebziger Jahren in Berkeley nahe von San Francisco Dutzende von Vergewaltigungen begangen hat; den Pillowcase Rapist, der seinen Opfern ein Kissen aufs Gesicht drückt; oder den Sacramento Vampire, der seine Opfer tötet und ihr Blut trinkt. Dann entnimmt er ihre Organe, um sie zu verspeisen. Wie konnte Kalifornien, der Garten Eden des amerikanischen Traums, der Liebe, Sonne und ein neues Leben verheißt, zu diesem Ort des Schreckens werden? Die Polizisten in Sacramento beenden ihre Schicht oft an der Theke bei Marie's Donuts oder im Pine Cove, zwei ihrer Haupttreffpunkte, wo sie etwas Dampf ablassen können, und diskutieren diese Frage. Aber Mal für Mal gehen sie ohne eine Antwort nach Hause.

Richard Shelby spürt, dass der Mann, hinter dem er her ist, zu dieser Kategorie von Tätern gehört und noch viel Unheil bringen wird. Besonders beunruhigt ihn, dass der Vergewaltiger im Laufe der Zeit immer mehr Selbstbewusstsein gewinnt. Früher schien er unsichtbar zu sein. Inzwischen bleibt der Mann, wenn er entdeckt wird, manchmal ein paar Sekunden lang herausfordernd stehen. Dann geht er mit ruhigen Schritten weiter und verschwindet. Einige Zeugen berichten sogar, dass sie ihn mitten in der Nacht mit seiner Skimaske durch die Straßen von Rancho Cordova radeln gesehen haben, als wäre nichts gewesen. Ein andermal verfolgte er auf dem Fahrrad eine Frau, die mit dem Auto auf dem Nachhauseweg war. Sie gab Gas, um ihn abzuschütteln, aber der Maskenmann schien unermüdlich zu sein. Jedes Mal, wenn sie den Fuß vom Gaspedal nahm, erblickte sie im Rückspiegel wieder diesen dunklen Fleck, vom Mondlicht erleuchtet, der weiter und weiter aufholte. Am Ende ließ er sie entkommen. Wie der Zodiac, der sich einen Spaß daraus macht, Briefe an die Medien und die Polizei zu schicken, verhöhnt auch der East Area Rapist die Ermittler. Zu einem seiner Opfer sagt er: »Richte den Scheißbullen aus, ich hätte heute Nacht ganz einfach zwei Menschen erschießen können. Wenn ich das nicht überall in der Zeitung und im Fernsehen sehe, bringe ich morgen wirklich zwei Leute um.« Noch am selben Tag titelt die *Sacramento Bee*: »WEITERER ANGRIFF DES EAST AREA RAPIST – NEUE TODESOPFER HEUTE NACHT?« In den darauffolgenden Stunden brechen die Polizeileitungen unter den Anrufen verängstigter Bürger zusammen.

Am 18. März 1977 ertönt aus einem Telefon im Sheriff's Department eine raue Stimme: »Ich bin der East Area Rapist.« Dann lacht der Mann und legt auf. Das ist um 16.15 Uhr. Eine Viertelstunde später ruft dieselbe Nummer noch einmal an. Der Mann wiederholt: »Ich bin der East Area Rapist«, bricht in Gelächter aus und legt auf. Um siebzehn Uhr geht ein dritter Anruf ein: »Ich bin der East Area Rapist. Ich habe mein nächstes Opfer schon ausgewählt. Ihr kriegt mich nie, Jungs.« Wieder lacht er und beendet dann den Anruf. Ein paar Stunden später, um 22.45 Uhr, wird ein weiteres Mädchen, sechzehn Jahre alt, in Rancho Cordova vergewaltigt. Es ist das fünfzehnte Opfer.

Am nächsten Tag ist in der *Sacramento Bee* zu lesen, der Vergewaltiger greife »nur Frauen an, die allein oder mit ihren Kindern zu Hause sind«. Das soll wohl die weibliche Leserschaft im County dahingehend beruhigen, dass sie nichts zu befürchten hat, solange sich ein Ehemann oder Vater in der Nähe befindet. Es sendet aber auch, ob absichtlich oder nicht, eine höhnische Botschaft an den Vergewaltiger: Er hätte nicht den »Mumm«, es auch mit Männern aufzunehmen, kann man aus dem Artikel herauslesen. Die Veröffentlichung stellt sich jedenfalls als Fehler heraus. Von diesem Zeitpunkt an fordert fast jeder Angriff gleich zwei Opfer auf einmal.

Am 2. April 1977 geht ein Ehepaar in Orangevale, einer Stadt östlich von Citrus Heights nahe des American River, abends ins Kino und bringt anschließend die beiden Kinder zu Bett. Der Vater lässt den Abend noch auf der Wohnzimmercouch ausklingen und geht kurz vor zwei Uhr morgens ins Bett. Eine Stunde später wird seine Frau vom Licht einer Taschenlampe geweckt. Dann ein ernstes Flüstern:

»Ich will keinen Mucks von dir hören. Siehst du meine Pistole? Weck deinen Mann.«

Die junge Frau gehorcht. Der Mann neben ihr wird auch vom Lichtkegel geblendet. Erschrocken will er sich aufrichten.

»Keine Bewegung! Leg dich auf den Bauch. Ich habe eine Fünfundvierzig-Millimeter-Pistole mit zwei Magazinen. Bleib genau so liegen, sonst bist du tot.«

Er richtet die Taschenlampe wieder auf die Frau. Sie soll ihren Mann selbst fesseln – mit einem Paar weißer Schnürsenkel, die er aufs Bett geworfen hat.

»Und zieh ordentlich fest.«

Der maskierte Mann fesselt die Frau und durchsucht

dann das Haus. Das Ehepaar hört ihn in der Küche klappern. Mit einem Stapel Teller in der Hand kommt er zurück und stellt ihn auf den Rücken des Mannes. Flüsternd erklärt er die Spielregeln: »Wenn ich die Teller klappern höre oder das Bett quietscht, bringe ich jede einzelne Person in diesem Haus um.« Dann zerrt er die Frau in den Flur, zieht ihr High Heels an und vergewaltigt sie dreimal.

Danach, zwei Stunden später, steckt der Täter seinen Kopf durch die Schlafzimmertür, wo der Ehemann immer noch liegt, und sagt zu ihm: »Nächster Halt: eine andere Stadt.« Dann ist er verschwunden.

Das ist der Auftakt zu einer neuen Serie von Vergewaltigungen. Am 15. April werden in Carmichael zwei weitere Opfer überfallen. Am 3. Mai schlägt der Täter in Sacramento selbst zu, am Riviera Drive. Dann am 5. und 14. Mai in Orangevale und Citrus Heights. Jedes Mal sucht er sich ein Paar aus: eine Frau und ihren Partner. Am 17. Mai ein weiterer Anruf: das einundzwanzigste Vergewaltigungsopfer. Als Richard Shelby und Carol Daly eintreffen, werden sie vom Ehemann empfangen. Shelby erkennt den Mann sofort. Sie haben sich schon sechs Monate zuvor kennengelernt, bei der zweiten Bürgerversammlung, die zur Information über den Vergewaltiger veranstaltet wurde, in der Del Dayo Primary School in Carmichael. Aus der Menge sprang ein Mann auf und schrie in aggressivem Tonfall, in seinem Heimatland Italien hätten die Polizei und der Mob den Vergewaltiger längst gefasst und bestraft. Dieser Mann steht ihnen nun gegenüber. Die Detectives fragen sich, ob der

East Area Rapist an diesem Abend ein Exempel statuieren und zeigen wollte, dass er vor nichts und niemandem Angst hat. War der Vergewaltiger am 4. November in Del Dayo im Publikum? Haben sich ihre Blicke gekreuzt? Haben sie ihm in die Augen geschaut? Kennt er die Gesichter der Polizisten, die gegen ihn ermitteln? Carol Daly spürt, dass die Antwort auf alle diese Fragen Ja lautet. Was die Ermittler aber noch nicht ahnen: Der East Area Rapist weiß noch viel mehr. Er kennt auch Richard Shelbys Adresse.

6

Eine Nacht im Mai 1977: Der vierjährige Tom Shelby hört unheimliche Geräusche auf dem Dach direkt über seinem Kopf. Die Schritte eines Mannes. Sie klingen so schwer, dass der Junge befürchtet, das Dach könnte jeden Moment einstürzen. Er hat Angst, schaut sich um, kann aber zunächst nichts entdecken. Dann wandert Toms Blick zum Fenster: Da hängt ein Mann, kopfüber, der zu ihm ins Kinderzimmer starrt. Er trägt eine dunkle Mütze mit einem Bommel, der von rechts nach links baumelt. Ganz plötzlich erhellt der Lichtkegel einer Taschenlampe den Raum. Das Licht schwenkt suchend durch das ganze Zimmer und erlischt dann. Der Mann zieht sich wieder hoch aufs Dach und ist verschwunden. Tom rennt ins Schlafzimmer seiner Eltern. Er krabbelt zu ihnen ins Bett und schläft schnell wieder ein. Richard Shelby, sein Vater, hat nichts gehört. Am nächsten Tag erzählt ihm der Junge von seinem Erlebnis: Er habe einen Mann gesehen, der übers Dach gelaufen sei. Er habe eine Maske getragen und mit einer Taschenlampe in sein Zimmer geleuchtet. Shelby ist wie versteinert. Die Geschichte kann nicht der Phantasie seines Sohns entspringen. Alles passt zu gut zusammen, die

Maske, die Taschenlampe. Es gibt keinen Zweifel: Der East Area Rapist hat ihm einen Besuch abgestattet. Die sonst so stolzen Schultern des Detectives sacken in sich zusammen: Wer jagt in diesem Fall eigentlich wen?

Am 17. Mai hat der Serienvergewaltiger seinem einundzwanzigsten Opfer ins Ohr geflüstert: »Diese Arschlöcher, diese verdammten Bullen. Die töte ich als Nächstes.« Seitdem sind alle Polizisten im County auf der Hut. Der Besuch des Täters bei Richard Shelby zu Hause bestätigt ihre Befürchtungen: Der Wahnsinn dieses Mannes kennt keine Grenzen. Wenn Richard Shelby jetzt nachts auf Streife geht, drehen seine Kollegen ihre Runden um sein Haus. Drinnen hat Eleanor immer eine Waffe griffbereit. Und dann ist da noch Squire, der Schäferhund. Aber Richard Shelby ist müde. Er hat an jede Tür geklopft, sich Nacht für Nacht auf die Lauer gelegt, Hubschrauber über sich kreisen sehen wie zu Kriegszeiten. Er hat Polizisten von der Dunkelheit getarnt ins Unterholz geschickt, die Entstehung bewaffneter Bürgerwehren beobachtet. Und alles war umsonst. Der Sergeant hat sich so tief in den Fall hineingegraben, wie er nur konnte, und trotzdem tappt er völlig im Dunkeln. Es kommt ihm vor, als stünde er mitten in einem undurchdringlichen Nebel. Trotz aller Gemeinsamkeiten hat er nie ein Indiz gefunden, das den Fall des Visalia Ransacker eindeutig mit dem des East Area Rapist in Verbindung bringt. Auch in Bezug auf die Identität des Serienvergewaltigers hat er keine Fortschritte gemacht. Alles, was er hat, sind Phantombilder, die zu nichts führen, und eine Liste von Opfern, die immer länger wird.

Er ist mit seinem Latein am Ende. Es gibt keine Erfolge, keine Bewegung, keinen Fortschritt. Und der East Area Rapist hat mittlerweile über zwanzig Gewaltverbrechen begangen.

Am 28. Mai greift der maskierte Täter in South Sacramento eine junge Frau und ihren Mann an. Es ist der letzte Tatort des East Area Rapist, den Richard Shelby betritt. Er wird von dem Fall abgezogen. Auch seine Vorgesetzten merken, wie erschöpft er ist und dass die Ermittlungen keine Fortschritte mehr machen. Sein angespanntes Verhältnis zu seinen Vorgesetzten hat auch nicht gerade zum Erfolg der Ermittlungen beigetragen.

Der Detective nimmt sich eine Auszeit, fünf Wochen lang. Von Kollegen hört er oft, man würde, wenn man einen Fall abgibt, auch seine Obsessionen und die schlechten Erinnerungen beiseitelegen, alles in den Zeilen des letzten Abschlussberichts zurücklassen. Shelby weiß inzwischen, dass das nicht stimmt. Der Fall des East Area Rapist ist ein Höllenfeuer, in dem er immer noch schmort. Er verbringt seinen ganzen »Urlaub« mit einem Glas Bourbon in der Hand zu Hause in Rancho Cordova. Manchmal legt er die Stirn an das Glas, als wollte er sein Gehirn abkühlen. Auffälligerweise hören die Vergewaltigungen genau in dem Moment auf, als Shelby sich aus von den Ermittlungen zurückzieht. Allerdings nicht lange, nur für zwei Monate, Juli und August. Am 6. September wird ein weiteres Paar überfallen, diesmal in Stockton, etwa vierzig Minuten von Sacramento entfernt. Zum ersten Mal verlässt der Täter sein gewohntes Umfeld und schlägt an einem anderen Ort zu, weiter südlich. Sein Modus Operandi bleibt aber gleich.

Weitere Angriffe folgen am 1. Oktober, am 21. Oktober, am 29. Oktober, am 10. November und am 2. Dezember. Von dem Ermittlerduo bleibt nur Carol Daly übrig, die jeden Tag noch ein bisschen tiefer in den Fall einsteigt.

7

Bevor Carol Daly in die East Area Rapist Task Force eingestiegen ist, war sie Teil des Teams, das im Fall des Sacramento Vampire ermittelte. Eine Geschichte, die einem das Blut in den Adern gefrieren lässt: Richard Chase, der Mörder, trank das Blut seiner Opfer und aß manchmal auch ihr Gehirn. Aber Carol Daly hat im Angesicht solcher Grausamkeiten nie den Blick abgewendet. Seit ihrem ersten Tag bei der Polizei betrachtet sie die Schrecken ihres Berufs – Vergewaltigung, Mord, Körperverletzung – mit der Gewissheit, dort zu sein, wo sie hingehört. Sie ist überzeugt, dass sie sich dem Bösen stellen muss, weil das Gottes Wille und ihre Aufgabe ist.

Carol Daly wurde zwar nicht in einer Kirche geboren, aber so gut wie. Sie ist in Kearney aufgewachsen, einer kleinen Ortschaft mitten in Nebraska, wo sie ihre Kindheit in einem Pfarrhaus verbrachte, betete, Klavier spielte und Gottesdienste, Hochzeiten und andere Veranstaltungen in der katholischen Gemeinde mitorganisierte. Ihr Elternhaus ist von Maisfeldern und Bauernhöfen umgeben. In ihrem Kleiderschrank hing nur ein Kleid, das sie mit größter Sorgfalt pflegte. Sie ritt ihre Pferde Dick, Doc, Duke und Dan ohne Sattel. Kearney ist durch eine Eisenbahnlinie in zwei Hälften geteilt: Die wohlhabenderen Schichten leben im Norden, die ärmeren im Süden. Carol Daly war ein »Süd-Mädchen«. Aber sie hatte nicht die Absicht, im Süden zu bleiben. In den sechziger Jahren kam sie nach Sacramento und wurde als eine der ersten Frauen im Sheriff's Department angenommen. Es gab dort damals nur acht Frauen: Charlene Fowler, Carol Petty, Patty Butler, Shell Finley, Mona Kelsey, Joyce Pearson, Alex Cowan Magness und Carol Daly. Sie durften keine Hosen tragen, bekamen aber auch keine Frauenuniform zur Verfügung gestellt. So etwas existierte gar nicht. Die Frauen durften auch nicht auf Streife gehen und mussten ihre Pistolen in der Handtasche tragen. Sie absolvierten ein spezielles Training, damit sie die Waffen genauso schnell ziehen konnten wie die Männer mit ihren Holstern am Gürtel.

Als der Fall des East Area Rapist sich zuspitzt, werden rasch fundamentale Probleme der Polizisten im Umgang mit den weiblichen Opfern offenbar. Sie haben sich in ihrer Ausbildung mit dieser Art von Ermittlungen nicht beschäftigt. Als ein fünfzehnjähriges Opfer von dem Übergriff erzählt, den es erlitten hat, schneiden sie dem Mädchen das Wort ab: »Wir wollen nur die Fakten hören, die nackten Tatsachen.« Was sie interessiert, ist die Penisgröße des Angreifers. Diese Frage kann die Teenagerin nicht beantworten. Die Polizisten bedrängen sie: »Wenn Sie seinen Penis mit einem Hotdog vergleichen würden, wäre er größer oder kleiner? Oder mit einer Gurke? Denken Sie nach!« Viele der Opfer erleben diese Verhöre wie eine weitere Gewalttat. Sie finden oft nur ein paar Meter von dem Ort entfernt statt, an dem sie noch vor wenigen Stunden gewaltsam festgehalten und gepeinigt wurden. Manchmal sind sie noch nackt und haben nichts weiter als ein Handtuch oder ein Laken um sich geschlungen. Man schleppt sie durchs Haus, von einem Raum in den nächsten und macht Fotos von ihrem Körper.

Unter anderem um diesen Missständen etwas entgegenzusetzen, wird Carol Daly von ihren Vorgesetzten in das Ermittlerteam aufgenommen. Die Polizistin soll alle Aussagen der Opfer am Tatort aufnehmen. Seither wartet sie Nacht für Nacht. Wenn das Telefon klingelt, muss sie innerhalb von fünfzehn Minuten am Tatort sein. Als Allererstes geht Carol Daly auf die Frauen zu. Sie lauscht ihren Erzählungen. Sie hält ihre Hände. Manchmal fragt sie: »Möchten Sie beten? Mit mir gemeinsam beten?« Danach begleitet sie die Opfer ins Medical Center in Sacramento. Abends kommt sie manchmal noch einmal vorbei und bringt ihnen eine warme Mahlzeit. Wenn eines der jugendlichen Opfer kurz nach der Tat Geburtstag hat, besucht Carol das Mädchen nach der Schule zu Hause und überreicht ihm ein Geschenk. Sie ist zu einer unverzichtbaren Stütze für die Mädchen und Frauen geworden. Drei der Opfer nennen sie »Mom«.

Carol Daly ist auch für die öffentlichen Informationsveranstaltungen zuständig. Mit sanfter Stimme wendet sie sich vor allem an die Frauen im Saal. Sie sagt zum Beispiel: »Eine Sache möchte ich Ihnen mitgeben, liebe Mitbürgerinnen. Wir wurden alle dazu erzogen, höflich zu sein und niemandem etwas zuleide zu tun. Bitte vergessen Sie Ihre gute Erziehung. Sie stellen mir Fragen wie: ›Darf ich auf ihn schießen, wenn ich eine Waffe habe?‹ Nach allem, was wir über den Mann wissen, würde ich an Ihrer Stelle keine Sekunde zögern, wenn er vor mir stehen würde. Ich würde sofort schießen, und zwar nicht, um ihn außer Gefecht zu setzen. Ich würde schießen, um ihn ein für alle Mal auszuschalten.« Auf Carol Dalys Nachttisch liegt eine Waffe. Ihr Mann Ted, ebenfalls Polizist, hat eine weitere Pistole am Bett versteckt. Nachdem der Vergewaltiger die Ermittler offen bedroht hat, hat das Department ihre Häuser mit Alarmsystemen ausgestattet. Dabei handelt es sich um eine Art dicke Fußmatte, die direkt mit der Polizeistation verbunden ist. Wenn jemand darauf tritt, wird ein Code 3 ausgelöst, das bedeutet: sofortiges Eingreifen mit Blaulicht und Sirene. Carol Daly behält die Alarmanlage nur für ein paar Tage. Ihre Kinder und der Hund trampeln den ganzen Tag darüber, und sie ist es schnell leid, ständig zum Telefon zu rennen und die gesamte Polizei des Countys zurückzupfeifen, damit sie nicht in voller Montur ihr Haus stürmt.

Aber Daly spürt – und warnt davor auch die Frauen in den Bürgerversammlungen –, dass das Schlimmste noch bevorsteht. Der Täter hat sich im Lauf der Zeit verändert. Die letzten Opfer erzählen, dass seine Stimme oft zittert, dass er stottert, manchmal schreit oder weint, manchmal wütend wird und in einer Zimmerecke Flüche über seine Mutter murmelt. Und er droht immer häufiger damit, Menschen umzubringen: Opfer, Zeugen, Polizisten. Carol Daly und ihre Kollegen bereiten sich voller Sorge auf den Tag vor, an dem er diese Drohungen in die Tat umsetzen wird. Der East Area Rapist wird bereits verdächtigt, im Februar einen Teenager erschossen zu haben, der ihn verfolgte, nachdem er ihn im Garten herumlungern sah. Eine Kugel traf den Jungen im Bauch. Der Täter zögerte keine Sekunde abzudrücken. Psychologen warnen: »Er hat einen starken Drang zu töten.«

Am 2. Februar 1978 ist es dann so weit. Der einundzwanzigjährige Brian und die zwanzigjährige Katie gehen mit ihrem Silberpudel in Rancho Cordova Gassi. Die Maggiores sind ein Vorzeigepaar. Er hat ein markantes Gesicht; sie hellbraunes, gewelltes Haar. Etwa um 21.10 Uhr erreichen sie den La Alegria Drive, nur zwei Blocks von ihrer Wohnung entfernt. Sie grüßen einen Nachbarn – einen Polizisten – und versuchen dann, ihren Hund wieder einzufangen, der entwischt ist und in einen Garten hinter einem Wohnhaus verschwindet. Die restliche Geschichte ist nur aus den Erzählungen eines zehnjährigen Kindes bekannt, das die Szene aus der Ferne beobachtet: Als das Paar in den Garten kommt, steht es plötzlich dem Stalker gegenüber. Aus der Anordnung der Toten auf dem Rasen schließt die Polizei später, dass Brian versucht hat, in Richtung des Innenhofs zu flüchten. Dabei wurde er von zwei Kugeln getroffen. Katie hingegen rannte zum Zaun. Ihre Schreie sind die ganze Straße hinunter zu hören. Mehrere Einschusslöcher an der Hauswand zeigen, dass Katie den ersten Schüssen noch ausweichen konnte. Aber die letzte Kugel trifft sie mitten in den Kopf. Vom Lärm aufgeschreckte Nachbarn eilen herbei und sehen den Angreifer zwar noch, können ihn aber nicht mehr aufhalten.

Schwer verletzt werden Brian und Katie in das University Medical Center in Sacramento gebracht. Um 23.14 Uhr stirbt der Mann, zwanzig Minuten später auch seine Frau. In dem Garten, in dem das Paar ermordet wurde, findet die Polizei weiße Schnürsenkel im Gras. Der Knoten ist schon vorbereitet, sodass das Opfer mit einem einzigen schwungvollen Handgriff gefesselt werden könnte. Anhand der Aussagen von Anwohnern wird ein neues Phantombild gezeichnet. Es zeigt einen Mann mit braunem Haar, seitlich gescheitelt, mit einem kantigen Kiefer, mandelförmigen Augen mit hochgezogenen Brauen und einem hämischen Grinsen in den Mundwinkeln. In den nächsten Tagen wird das Gesicht in allen Zeitungen in der Gegend abgedruckt. Danach schlägt der Mann nie wieder zu. Wie schon beim Visalia Ransacker führt die Veröffentlichung des Phantombilds dazu, dass der Täter sich zurückzieht. Doch er taucht schon bald wieder auf, diesmal in der Nähe von San Francisco, in Yolo, Stanislaus, Alameda, San Joaquin und Contra Costa. Zwischen dem 5. Juni 1978 und dem 6. Juli 1979, im Zeitraum von etwas über einem Jahr, werden in diesen fünf Bezirken mindestens fünfzehn Frauen angegriffen. Dann: nichts mehr, diesmal endgültig. So mysteriös wie sie begonnen hat, endet die Angriffsserie, und der Täter »verschwindet in der Nacht«, so wie er es immer wieder angekündigt hat.

Carol Daly hat die jüngsten Übergriffe aus der Ferne im Blick behalten. Sie lagen nicht in ihrem Zuständigkeitsbereich, und niemand hat sich an sie gewandt. Sie nimmt daran aber keinen Anstoß, sie ist sogar erleichtert. Wie auch Richard Shelby ein Jahr zuvor ist sie ausgelaugt von der vergeblichen Jagd auf den East Area Rapist und von der endlosen Liste der Tragödien, die er hinterlassen hat. Wenn sie nachts die Augen schließt, wird sie von der Vorstellung heimgesucht, von einer grellen Taschenlampe aus dem Schlaf gerissen zu werden. Sie meidet gesellige Abende unter Nachbarn und sonntägliche Grillpartys, weil sie weiß, dass die Gäste sie mit Fragen über den Fall löchern werden. Vor allem aber findet sie nicht mehr so viel Halt in ihrem Glauben wie früher und kann die Erzählungen der Zeuginnen schlechter wegstecken. Sie erträgt es kaum noch, den Opfern immer wieder mitteilen zu müssen, dass es keinerlei Fortschritte bei den Ermittlungen gibt, obwohl ihr Team fünftausend Verdächtige durchleuchtet hat, obwohl sie Dutzende von Männern unter die Lupe genommen haben, auf die die Beschreibungen zu passen schienen. Einige Monate nachdem der East Area Rapist aus Sacramento County verschwunden ist, geht sie deshalb ins Büro ihrer Vorgesetzten und teilt ihnen mit, dass sie in die Mordkommission versetzt werden möchte, wo sie bereits mehrere Jahre verbracht hat. Ihr Chef zieht eine Augenbraue hoch: »Ihnen ist doch klar, dass die Arbeit mit Mord und Totschlag auch kein Zuckerschlecken ist?«

»Ja«, antwortet sie, »aber in meiner Zeit dort haben wir achtundneunzig Prozent der Fälle aufgeklärt. Wir haben die Mörder gefunden. Früher oder später haben wir sie alle gefunden.«

TEIL ZWEI

Zusammenhänge

1980–2018

8

Roger Harrington, dreiundsechzig Jahre alt, besitzt ein Haus in Dana Point, einer Küstenstadt kaum eine Stunde von Los Angeles entfernt. Wohnen möchte er dort aber nicht. Das Haus selbst hat durchaus Vorteile: den Blick in Richtung Süden über den Pazifik, den Strand, der nur wenige Gehminuten entfernt liegt, und die Einrichtung, die den sozialen Status der Besitzer unterstreicht – weiße Wände, viel Holz, ein Schwertfisch an der Wand und ein Tiffany-Kronleuchter an der Decke. Aber für Roger Harrington, der sein Vermögen mit Überwachungskameras gemacht hat, liegt das Haus zu weit ab vom Geschehen. Deshalb hält er sich lieber in seiner Wohnung in Lakewood auf, weiter nördlich, in der Nähe seines Büros. Das Haus hat er vor Kurzem seinem vierundzwanzigjährigen Sohn Keith und seiner siebenundzwanzigjährigen Schwiegertochter Patrice, auch Patti genannt, vermacht. Die beiden sind frisch verheiratet.

Am 21. August 1980 um 18.30 Uhr parkt Harrington am 33381 Cockleshell Drive. Er ist mit dem jungen Paar zum Abendessen verabredet. Am Briefkasten klebt eine handschriftliche Notiz von Freunden von Patrice: *Wir waren um neunzehn Uhr hier, niemand hat aufgemacht. Ruft uns an.* Der Briefkasten quillt über. Harrington wundert sich. Er versucht, die Tür zu öffnen. Sie ist verschlossen. Das ist bei den Harringtons eigentlich unüblich. Er tastet auf dem Türrahmen nach dem Schlüssel, den sein Sohn dort deponiert hat. Im Haus ist es dunkel und totenstill. In der Spüle steht eine Einkaufstasche. Drei ausgetrocknete Scheiben Toastbrot liegen auf dem Tisch. Roger Harringtons Magen zieht sich zusammen. Er geht von Raum zu Raum und erreicht schließlich das Schlafzimmer. Im Halbdunkel kann er Erhebungen unter der Bettdecke erkennen. Roger tritt näher und zieht die Decke beiseite. Keith liegt auf dem Bauch. Sein Kopf ist nach links verdreht und blutverschmiert. Neben ihm liegt Patrice. Ebenfalls tot, ebenfalls auf dem Bauch. Ihr Gesicht ist nicht mehr wiederzuerkennen. Beide haben Einschnitte an Hand- und Fußgelenken. Sie müssen vor ihrer Ermordung gefesselt worden sein.

Die Autopsie ergibt, dass das Paar seit zwei Tagen tot ist. Es wurden keine Türen oder Fenster aufgebrochen. Patti wurde mehrfach vergewaltigt. Die Ermittler finden Sperma in ihr, auf ihrem Rücken und auf der Bettdecke. Als Todesursache werden, sowohl bei Patti als auch bei Keith, »Schläge auf den Kopf mit einem stumpfen Gegenstand« festgestellt. Der Täter ist dabei so brutal vorgegangen, dass niemand, der die Akte des Falls aufklappt, den Schock je vergessen wird. Der Mann hat die Gesichter seiner Opfer mit einem Laken bedeckt, bevor er sie zu Tode prügelte. Am 23. August wird in der *Los Angeles Times* ein Lieutenant zitiert, der den Stand der

Ermittlungen folgendermaßen zusammenfasst: »Dieser Fall ist uns ein Rätsel.« Weil das Rätsel unlösbar zu bleiben scheint, setzt die Familie Harrington im September eine Belohnung von fünfundzwanzigtausend Dollar für Hinweise aus, die zur Verhaftung des Mörders führen. Aber niemand meldet sich.

Sechs Monate später, am 6. Februar 1981, wird die achtundzwanzigjährige Manuela Witthuhn ermordet aufgefunden. Die Tat ereignet sich in Irvine, ungefähr zwanzig Minuten von Dana Point und dem Haus der Harringtons entfernt. David und Manuela Witthuhn leben dort seit etwas mehr als einem Jahr. In der Tatnacht liegt David wegen einer Virusinfektion im Krankenhaus der Santa Ana Tustin Community; Manuela ist allein in ihrem doppelstöckigen Haus. Sie wird vergewaltigt und anschließend totgeprügelt. Fast zehn Detectives werden auf den Fall angesetzt. Trotz der Gemeinsamkeiten mit den Morden in Dana Point wird der Fall Harrington nicht mit dem Fall Witthuhn in Verbindung gebracht. Auch bei dieser Tat gibt es weder Verdächtige noch Festnahmen.

Fünfzehn Jahre vergehen. Fünfzehn lange Jahre, in denen weder die Polizei noch die Familien der Opfer Antworten auf ihre Fragen bekommen. Bis im Dezember 1995 in Orange County, wo Dana Point und Irvine liegen, die alten Cold Cases entstaubt und DNA-Tests durchgeführt werden. Der genetische Fingerabdruck in der DNA wurde zwar schon im Jahr 1985 entdeckt und die Technologie, mit der man diesen einem bestimmten Individuum zuordnen kann, bereits von verschiedenen

Ermittlungsbehörden eingesetzt, ihre flächendeckende Anwendung ist aber noch ein neues Phänomen. Der DNA Identification Act wurde ein Jahr zuvor, 1994, verabschiedet. Er ermöglicht dem FBI, eine nationale Datenbank aufzubauen. Seither werden alle Straftäter, von denen eine DNA-Probe zur Verfügung steht, in einem digitalen Verzeichnis erfasst. Das bietet Ermittlern einen neuen Anreiz, alte Fälle wieder aufzurollen.

Das in den Fällen Harrington und Witthuhn gefundene Sperma wird im Polizeilabor des Countys analysiert. Das System spuckt keine Namen aus. Das ist eine Enttäuschung. Aber die Tests liefern eine andere wichtige Erkenntnis: In den beiden Proben werden nicht zwei genetische Fingerabdrücke gefunden, sondern ein und derselbe. Das bedeutet, dass ein einziger Mann für alle drei Morde verantwortlich ist. Die Ermittler hatten gehofft, durch die Tests mit einem Mal Dutzende von Fällen abschließen zu können, aber das Gegenteil tritt ein. Ein paar Wochen, nachdem die Morde an den Harringtons und Manuela Witthuhn miteinander in Verbindung gebracht wurden, erweitert sich die Akte um einen neuen Fall: den Mord an der achtzehnjährigen Janelle Cruz. Ein Immobilienmakler hatte ihre Leiche in dem zum Verkauf stehenden Haus ihrer Mutter gefunden, nur wenige Gehminuten von Manuela Witthuhns Wohnort entfernt. Die Tat ereignete sich am 5. Mai 1986, fünf Jahre nach dem Mord an Witthuhn. Janelle Cruz lag quer auf ihrem Bett, den BH bis zur Taille heruntergezogen. Sie war so brutal geschlagen worden, dass sie einen ihrer Zähne verschluckt hatte. Zwei Zähne hatten sich in ihrem Haar verfangen. Die letzten Stunden vor ihrem

Tod hatte sie gemeinsam mit einem Freund zu Hause verbracht. Die beiden hatten in ihrem Zimmer gesessen und geredet. Sie las ihm Gedichte vor, die sie selbst geschrieben hatte, und spielte ihm eine Aufnahme von einer Sitzung bei ihrem Psychologen vor. Der Freund berichtete den Ermittlern später, dass sie im Laufe des Abends zweimal Geräusche ums Haus herum gehört hatten. Zuerst vor dem Schlafzimmerfenster, dann im Garten, so als wäre jemand über den Zaun gesprungen. Beide Male hatten Janelle und ihr Freund draußen nachgesehen, aber nichts Verdächtiges entdeckt. Um 22.45 Uhr hatte der Freund sich verabschiedet. Wenige Stunden später war Janelle Cruz tot.

Drei Tatorte also und nur ein einziger Täter. Im Orange County Sheriff's Department beginnt man sich zu fragen, ob in der Gegend ein Serienmörder all die Jahre unbehelligt sein Unwesen getrieben hat. Die DNA des Mannes wird an verschiedene Kriminallabore im ganzen Land geschickt. Es werden ungelöste Mordfälle gesucht, die zehn, fünfzehn oder zwanzig Jahre zurückliegen. Und die Suche trägt Früchte: Im Februar 1998 wird ein weiterer Fall, ebenfalls ins Kalifornien, mit dem unbekannten Täter verknüpft: Ein Mord vom 13. März 1980 in Ventura, nördlich von Los Angeles. Ein Ehepaar wurde mitten in der Nacht überfallen und mit einem Holzscheit zu Tode geprügelt. Lyman Smith war dreiundvierzig, Charlene Smith dreiunddreißig Jahre alt. Die Frau war vergewaltigt worden. Durch das am Tatort gefundene Sperma kann der Doppelmord mit den anderen Taten in Verbindung gebracht werden. Zwei weitere

Fälle kommen dazu: In Santa Barbara County wurden 1979 und 1981 zwei Ehepaare unter ähnlichen Umständen ermordet. An den Tatorten konnte zwar keine DNA sichergestellt werden, aber die Vorgehensweise war so ähnlich, dass die Ermittler überzeugt sind, dass hinter den Morden derselbe Mann stecken muss.

Die Bilanz ist schwindelerregend: Zwischen 1979 und 1986 hat ein Serienmörder entlang der Küste Kaliforniens zehn Menschen umgebracht, ohne dass jemand einen Zusammenhang hergestellt hätte. Am 1. Oktober 2000 titelt die Lokalzeitung *Orange Country Register*: »Mordserie durch DNA-Analyse enthüllt«. Wie in den USA üblich, wird dem Mörder bald ein Spitzname verliehen: Original Night Stalker.

Weitere sechs Monate vergehen, bevor die Ermittlungen erneut Fortschritte machen. Im April 2001 beschließt ein ehrgeiziger Mitarbeiter der forensischen Abteilung in Contra Costa, der dreiundvierzigjährige Paul Holes, die DNA des Mörders mit der DNA des East Area Rapist in Sacramento zu vergleichen, die dieser an drei Tatorten hinterlassen hat. Der Fall des Serienvergewaltigers in seiner Heimatregion lässt Holes nicht los. Er ist überzeugt, dass es sich bei den beiden Tätern um ein und dieselbe Person handeln muss. Die Modi Operandi der Verbrechen in Nord- und später in Südkalifornien sind einander so ähnlich, dass ihm kein anderer Schluss möglich erscheint. Und er hat recht, die Testergebnisse sind eindeutig: Der Unbekannte ist vom East Area Rapist zum Original Night Stalker geworden, vom Vergewaltiger zum Mörder.

Die Detectives in Sacramento haben sich lange gefragt, warum der Täter seine Angriffsserie auf alleinstehende Frauen und später auf Paare nach dem 6. Juli 1979 so plötzlich beendet hat. Jetzt wird ihnen klar, dass der Mann nie aufgehört hat: Er hat sich einfach nur ein paar Autostunden weiter in Richtung Süden begeben. Und dort hat er, wie Richard Shelby und Carol Daly längst befürchtet hatten, schließlich auch seine Morddrohungen wahr gemacht.

Bleibt noch die Frage nach der fünfjährigen Pause zwischen dem Mord am Ehepaar Domingo-Sanchez 1981 und dem Mord an Janelle Cruz 1986. Und: Warum ist seit 1986 nichts mehr passiert? Kein Labor hat DNA-Spuren einer späteren Tat gefunden, die mit dem East Area Rapist in Verbindung gebracht werden können. Eine der schlüssigsten Hypothesen scheint zu sein, dass der Serienmörder und -vergewaltiger in der Zwischenzeit wegen anderer Verbrechen verurteilt wurde und irgendwo in Haft sitzt. Die DNA des Täters wird mit der von hundertfünfzigtausend Insassen kalifornischer Gefängnisse verglichen, aber der aufwendige Prozess führt zu nichts. Ist der East Area Rapist vielleicht in einen anderen Bundesstaat weitergezogen? Ist er tot? Das wäre eine naheliegende Erklärung dafür, dass er schon so lange von der Bildfläche verschwunden ist.

Aber der Spuk des East Area Rapist ist noch immer nicht vorüber. Am 6. April 2001, zwei Tage nachdem in allen Zeitungen zu lesen war, dass der Serienvergewaltiger auch für zehn Morde in Südkalifornien verantwortlich ist, klingelt bei einem seiner ehemaligen Opfer in Sacramento das Telefon. Zunächst hört die Frau am anderen Ende der Leitung nur ein Seufzen, dann eine dunkle Stimme. Selbst nach all den Jahrzehnten erkennt sie diese sofort wieder. Die Stimme des Mannes, der sie in der Nacht des 8. März 1977 überfallen hat. Er flüstert ihr ins Ohr: »Weißt du noch, damals, unsere Spielchen?«

9

Am 21. April 2016 schluckt eine Frau namens Michelle McNamara in Los Angeles einen Medikamentencocktail aus Adderall, Xanax und Fentanyl. Die Dosis ist tödlich. Als ihre Angehörigen in den Tagen nach ihrem Ableben ihren Nachlass sortieren, finden sie auf ihrem Computer weit über dreitausend Dateien sowie siebenunddreißig Kartons voll mit Papieren, Tausenden von Notizen, Listen und – vergraben in diesem Berg von Informationen – ein Dokument mit dem Titel »Brief an einen alten Mann«. Darin schreibt Michelle McNamara: »Seit dem 4. Mai 1986 bist du verschwunden. Manche glauben, du wärst tot. Andere, du säßest im Gefängnis. Ich glaube das nicht. Ich glaube, du hast dich zurückgezogen, als die Welt sich langsam veränderte. Dir wurde klar, dass deine Gegenspieler durch den technischen Fortschritt immer mehr an Boden gewinnen. Aber eines Tages, und zwar schon sehr bald, wirst du ein Auto auf dem Bürgersteig vor deinem Haus parken hören. Der Motor wird abgestellt. Du hörst Schritte, die die Einfahrt hinaufgehen. [...] Es klingelt an der Tür. Du atmest tief durch. Ballst deine Hände zu Fäusten. Vorsichtig gehst du in Richtung Haustür. So wird die Geschichte für dich zu Ende gehen. Zu einem deiner Opfer hast du gesagt: ›Ich bringe dich für immer zum Schweigen, und dann verschwinde ich in die Nacht.‹ Du öffnest die Tür. Zeigst uns dein Gesicht. Trittst hinaus ins Licht.«

Michelle McNamaras Obsession für den East Area Rapist begann 2010. Sie las *Sudden Terror*, einen Roman, den Larry Crompton, ein ehemaliger Ermittler aus Contra Costa, dem Fall gewidmet hatte, und die Geschichte ließ sie nie wieder los. Wie war es möglich, dass einer der schlimmsten Gewaltverbrecher der letzten Jahrzehnte nie identifiziert worden war? Und warum sprach außerhalb Kaliforniens kein Mensch über diesen Fall? Der Zodiac-Killer, Ted Bundy und Edmund Kemper waren weltberühmt, Bücher und Dissertationen wurden über sie geschrieben, Spielfilme und Dokumentationen gedreht. Der East Area Rapist hingegen hatte von Anfang an kaum Wellen geschlagen, die über die Wälder von Sacramento County hinausgeschwappt wären. Das einzige Buch, das über ihn geschrieben worden war, verstaubte in den Antiquariaten, und die großen Schlagzeilen zu dem Fall hatten es nur in die Lokalzeitungen geschafft, in die *Sacramento Bee* und den *Orange County Register*. Die meisten Informationen über den Fall waren in Internetforen zu finden, wo sich Hobbydetektive und Fans von Kriminalgeschichten aller Art austauschten. Michelle McNamara tauchte in diese Welt ein. Sie las Tausende von Kommentaren über den Vergewaltiger und Serienmörder, beschäftigte sich mit jedem Indiz und jeder Fährte. Sie füllte Dutzende und Aberdutzende von Notizbüchern aus gelbem Papier, zeichnete jeden Schritt des East Area Rapist nach. Sie lernte Rancho Cordova, Citrus Heights und Carmichael kennen, als würde sie selbst dort wohnen: die schmalen, eichengesäumten Alleen, die gewundenen Straßenzüge. Sie machte jedes der Häuser der Opfer ausfindig und versuchte, in der Auswahl der Tatorte ein Muster zu erkennen, eine versteckte Bedeutung. Nach ein paar Jahren hatte Michelle McNamara sich so viel Wissen über den Fall angeeignet, dass es ihr vorkam, als stünde sie den eigentlichen Ermittlern in nichts nach. Mit einigen von ihnen hatte sie sich sogar angefreundet. Sie traf Larry Crompton, den Inspector des Contra Costa Sheriff's Department, und Larry Pool, den Detective in Orange County. Mit Richard Shelby tauschte sie sich ausführlich per E-Mail aus. Sie lernte auch Paul Holes kennen, den Leiter des Forensikteams in Contra Costa. Sie glichen ihre Spuren ab und fuhren gemeinsam durch San Ramon, Danville, Davis und Concord. Irgendwann hätten sie die Wege des Serienmörders mit verbundenen Augen gehen können.

2013 veröffentlichte Michelle McNamara im renommierten *Los Angeles Magazine* einen ausführlichen Artikel über ihre Jagd auf den East Area Rapist. Detailliert führte sie alle bekannten Informationen über den Mann und seine Taten auf. Sie erklärte es sich zum Ziel, den Verbrecher wieder ins mediale Rampenlicht zu rücken und die Ermittlungen so erneut in Gang zu bringen. Inzwischen beschäftigten sich nur noch eine Handvoll Polizeibeamte mit dem Fall, und sie waren oft gezwungen, in ihrer Freizeit zu ermitteln. McNamara musste sich eingestehen: Auch bei Serienmörderstorys war das Marketing entscheidend. Wäre Jack the Ripper ohne seinen eingängigen Spitznamen so berühmt geworden? Inzwischen war das sogar den Tätern selbst bewusst: Der Zodiac zum Beispiel gab sich seinen Namen selbst. Bei dem Killer aus Sacramento County wusste man nie genau, von wem die Rede war. Dass er zwei Namen hatte – East Area Rapist und Original Night Stalker –, stiftete Verwirrung. Michelle McNamara war überzeugt: Der Mann musste umbenannt werden. Sie nahm sich dieser Aufgabe selbst an und gab ihm in ihrem Artikel den Namen Golden State Killer.

Auf den ersten Blick scheint Michelle McNamara keinen objektiven Grund gehabt zu haben, den Verbrecher aus Sacramento so verbissen zu jagen. Sie kannte keines der Opfer persönlich und hatte keine Verbindung zu Nordkalifornien. Aber sie war selbst schon früh mit einem scheinbar unlösbaren Verbrechen in Berührung gekommen und hatte eine offene Rechnung zu begleichen. Am 1. August 1984, als Michelle McNamara vierzehn Jahre alt war, wurde in Oak Park, Illinois, wo sie damals lebte, die Leiche von Kathleen Lombardo gefunden, die beim Joggen überfallen und erstochen worden war. Einige Tage nach dem Mord ging die jugendliche McNamara zum Tatort. Auf dem Boden lagen noch Teile von Kathleens kaputtem Walkman, die McNamara einsammelte und mitnahm. Der Mörder der jungen Joggerin wurde nie gefasst. Michelle McNamara ging einige Jahre später als Drehbuchautorin nach Hollywood, wo sie ihren Ehemann, den Schauspieler Patton Oswalt, kennenlernte. Doch mehr noch als fiktionale Geschichten beschäftigten sie echte Cold Cases, deren Details sie studierte und in- und auswendig kannte. Im Jahr 2006 richtete sie sogar eine Website ein, Truecrimediary.com, auf der sie versuchte, in Vergessenheit geratene Fälle aufzuklären. Bekannten gegenüber betonte sie, es gehe ihr nicht um Ruhm und Ehre und ebenso wenig um den Nervenkitzel, ein langjähriges Geheimnis zu lüften, das zuvor niemand hatte lösen können. Es gehe ihr schlicht und einfach um Gerechtigkeit. Denn die Täter gehörten hinter Gitter.

Von all diesen Tätern wurde der Golden State Killer zu ihrer obersten Priorität. Mit jeder neuen Spur beschäftigte sie sich tagelang. Einmal setzte sie sich in den Kopf, alle Namen auf den Grabsteinen auf dem Friedhof in Goleta mit allen Namen der Absolventen der Schulen in Irvine zu vergleichen. Sie hoffte, einen Namen zu finden, der die beiden Städte, in denen der Mörder sein Unwesen trieb, miteinander verknüpfen würde. Ein andermal recherchiert sie einen ganzen Nachmittag lang ein Mitglied des Wasserballteams der Rio Americano High School in Sacramento, Jahrgang 1972. Ihre Begründung: Der Mann war schlank, wie der Golden State Killer, und hatte ebenso kräftige Waden. Außerdem erstellte McNamara eine umfassende Liste von Gegenständen, die der Täter bei seinen Einbrüchen gestohlen hatte. Sie verbrachte viele Stunden auf Websites, auf denen Gebrauchtes verkauft wird, in der Hoffnung, dass etwas von dem Diebesgut dort auftauchte.

Michelle McNamara kannte die Geschichten der Detectives, die ihr Familienleben und ihre Ehe für die Ermittlungen geopfert hatten, nur zu gut. Sie wusste, dass einige von ihnen den Boden unter den Füßen verloren hatten. Und sie wusste, dass sie selbst auf dem besten Weg war, dieses Schicksal zu teilen. Je tiefer sie sich in ihre Nachforschungen vergrub, desto schlimmer wurden ihre Schlafprobleme. Nachts versetzte selbst das kleinste Geräusch sie in Panik: ein Nachbar, der den Müll rausbrachte, ihr Mann, der früh aufstand. Manchmal sprang sie mitten in der Nacht aus dem Bett, um Zusammenhänge zu überprüfen, die ihr gerade durch den Kopf geschossen waren. Dann fand ihr Mann sie im Morgengrauen tränenüberströmt vor dem Computer, weil eine ihrer Fährten sich gerade in Luft aufgelöst hatte. Sie sagte, tief in ihrer Kehle stecke »ein ewiger Schrei« fest. Heimlich fing sie an, Anxiolytika einzunehmen. Sie erhöhte die Dosis immer weiter, bis sie irgendwann nicht mehr aufwachte.

Für Michelle McNamara bleibt das Gesicht des Golden State Killers bis in alle Ewigkeit im Schatten verborgen. Das Buch, das sie über ihre Suche schrieb, *I'll be gone in the dark*, wurde am 27. Februar 2018 posthum veröffentlicht. Darin stellt sie unter anderem die These auf, dass der Schlüssel zur Identität des Mörders irgendwo auf den Stammbaum-Websites zu finden sein könnte, die in den letzten Jahren in den USA wie Pilze aus dem Boden geschossen sind. Die DNA des Serienvergewaltigers müsse mit den mehreren Millionen Profilen auf diesen Seiten abgeglichen werden, erklärt sie. Dann werde sich ein Name herauskristallisieren.

10

DNA-Analysen durchzuführen, bis sich irgendwann endlich ein Match ergibt – diese Idee lässt zu Beginn der nuller Jahre auch Detective Sergeant Ken Clark nicht los. Er stammt aus Sacramento und ist dort zur Zeit der Verbrechensserie aufgewachsen. 1976, als der Vergewaltiger begann, die Region zu terrorisieren, war er acht Jahre alt. Im Laufe seiner Kindheit wachte er ständig zu neuen Schreckensmeldungen auf: Wieder und wieder wurden neue Opfer überfallen. Er bekam mit, wie die Türen und Fenster in seiner Nachbarschaft doppelt verriegelt wurden. Er spürte die Angst, Wut und Verständnislosigkeit, die die Welt der Erwachsenen um ihn herum nach und nach vollkommen überschwemmte. Viele Jahre später arbeitet er selbst im Sheriff's Department von Sacramento. Den Fall vergisst er nie. Als er 2005 in den Homicide Squad einsteigt, beschließt er, sich endlich wirklich in die Akten zu vertiefen. Damals besteht sein Team aus nur acht Detectives, die sechzig Verbrechen im Jahr aufklären müssen. Die Kriminalitätsrate ist im Laufe der Zeit in die Höhe geschnellt, die Region inzwischen von Drogendelikten und Bandenkriminalität überschwemmt. Ken Clark hat alle Hände voll zu tun, aber das ist ihm egal: Der neunundzwanzig Jahre alte Fall ist immer noch genauso wichtig. Er kann einfach nicht akzeptieren, dass nur noch eine einzelne Person aus den Police Reserves dafür zuständig ist, die Berichte über den East Area Rapist auszuwerten, und das trotz der zehn Morde im Süden, die dem Mann inzwischen angelastet werden. Das Department hat die Ermittlungen praktisch stillschweigend eingestellt. Es ist zu wenig Zeit, es ist kein Geld da, und es ging ohnehin nichts voran. Also nimmt Ken Clark die Akten mit nach Hause. Nach Richard Shelby und Carol Daly wird er der nächste Detective sein, der von dem Fall verschlungen wird.

Ken Clark hofft, dass ein frischer Blick wie sein eigener neue Erkenntnisse bringt. Aber ihm fällt kein Detail auf, das nicht schon einmal, zehnmal, hundertmal von allen Seiten untersucht worden wäre. Trotzdem macht er weiter. Er ist sich sicher, dass der Vergewaltiger und Mörder noch am Leben ist. Er ist überzeugt, dass er noch immer in einer der gepflegten Vorstadtstraßen lebt und zu einem unauffälligen Allerweltsbürger geworden ist.

Clark geht noch einmal die Liste der fünftausend Personen durch, die irgendwann im Laufe der Ermittlungen verdächtigt worden sind: Einbrecher, sexuell auffällige Männer, Stalker, einfache Bürger mit weißer Weste, die es vielleicht nur wegen einer wütenden Ex-Frau oder einem rachsüchtigen Nachbarn auf die Liste geschafft haben. Kriminell oder nicht, die überwältigende Mehrheit dieser Männer hat nie ihre DNA abgegeben, und viele sind inzwischen von der Bildfläche verschwunden. Vor

Ken Clark liegt ein Berg an Arbeit, den er geduldig und im Laufe von vielen Jahren erklimmen muss. Und Ken Clark beginnt mit dem Aufstieg. Er kann die Männer nicht einfach ansprechen und um eine Speichelprobe bitten, er muss nach anderen Wegen suchen, um an ihre DNA zu kommen: Er hebt weggeworfene Zigarettenstummel auf, holt achtlos weggeworfene Dosen aus dem Mülleimer ... Und er erstellt eine Liste von über hundert Personen im ganzen Land, die er als Hauptverdächtige ansieht, und bittet das FBI um Unterstützung. Immer mehr DNA-Proben treffen im Labor ein, aber alle Spuren laufen ins Leere: Es wird keine Übereinstimmung gefunden.

Als Nächstes nimmt sich Clark alle dreißigtausend Polizeiberichte aus dem Jahr 1973 im Sacramento County vor, also aus dem Jahr, bevor Visalia von einem Einbrecher und späteren Mörder in Angst und Schrecken versetzt wurde. Wie schon Richard Shelby vor ihm ist auch Ken Clark überzeugt, dass es sich bei dem East Area Rapist und dem Visalia Ransacker um denselben Mann handeln muss. Er will herausfinden, ob dieser sich schon in Sacramento aufhielt, bevor er nach Tulare County weitergezogen ist. Im Archiv starrt er auf einen Mikrofilm nach dem anderen, den dicke, graue Maschinen aus einer anderen Ära vor ihm abspulen. Die Qualität ist minderwertig, die Videos sind schlecht geschnitten und laufen manchmal rückwärts ab. Innerhalb von vier Monaten geht Ken Clark das gesamte Jahresarchiv durch. Neue Verdächtige findet er nicht. Aber er findet heraus, dass zu Beginn des Jahres 1973 in Rancho Cordova mehrere Einbrüche gemeldet wurden, bei denen der Täter ganz ähnlich vorging wie der East Area Rapist drei Jahre später am selben Ort. Damals wurde der Täter Cordova Cat Burglar genannt. Eins seiner Opfer wird im Jahre 1976 auch dem East Area Rapist zum Opfer fallen. Dann vertieft Clark sich in die Dokumente aus den Jahren 1976, 1977 und 1978. Wieder muss er Zehntausende von Berichten wälzen.

Vielleicht, denkt Clark, sollte er noch einmal mit den Beamten von damals sprechen? Richard Shelby lässt sich nicht lange bitten. Der ehemalige Polizist ist inzwischen über siebzig Jahre alt, hat schütteres Haar und geht etwas gebeugter als noch vor ein paar Jahren, als er pensioniert wurde. Er hat das Department 1993 als Lieutenant verlassen. Bis zuletzt ermittelte er oft als Einzelkämpfer, verfolgte seine Spuren im Alleingang, so wie er es früher schon getan hatte. Seine Verdächtigen, denen er seit Jahren auf den Fersen war, behielt er im Auge. Als sich die Methode der DNA-Analyse verbreitete, zögerte er nicht lange und tauchte in die Mülltonnen eines Mannes, um an brauchbare Spuren zu kommen. Drei Versuche brauchte er dafür. Ein andermal verfolgte er einen Mann bis in ein Restaurant, bat den Kellner, den Tisch nicht abzuräumen, und schnappte sich nach dem Essen das Besteck des Verdächtigen. Doch keine seiner Spuren führte ihn je zum East Area Rapist. Als Ken Clark ihm von der Einbruchsserie im Jahr 1973 erzählt, berichtet Shelby ihm, was er damals erlebt hat: Die totgeprügelten Hunde, der Mann auf dem Dach. Der Cordova Cat Burglar. Er unterstützt ihn auch bei der Durchsicht der Berichte von 1976 und 1977, stößt ihn auf Spuren, die er damals nicht weiterverfolgen konnte, zählt die Namen derjenigen auf, die er nicht konfrontieren konnte. Und Richard Shelby ist nicht Clarks einziger Unterstützer. Seit 2011 ist er Teil einer neuen Task Force, in der die Crème de la Crème der vom Fall besessenen Ermittler vereint ist: die Detectives Greg und Russ Hayes, Vater und Sohn aus Ventura County, Detective Larry Pool aus Orange County, Gary Kitzmann und Jeff Klapakis aus Santa Barbara County und auch Paul Holes, der Leiter der forensischen Abteilung in Contra Costa County, der die Vergewaltigungen im Norden Kaliforniens mit den Morden im Süden Kaliforniens verknüpfen konnte.

Sie alle sind sich mit der Amateurermittlerin Michelle McNamara, mit der einige auch in Kontakt stehen, einig: Der Schlüssel zur Lösung des Falls liegt in der DNA. Paul Holes ist davon ganz besonders überzeugt. 2017 hat er von einem Fall erfahren, bei dem eine Polizistin in San Bernardino die Identität eines Mädchens feststellen konnte, das 1996 auf einem Campingplatz zurückgelassen worden war. Die Polizistin nutzte dafür eine Website, die eigentlich für Adoptierte konzipiert ist, die anhand ihrer DNA mehr über die eigene Herkunft erfahren wollen. Seither hat Holes sich in den Kopf gesetzt, den Fall des Golden State Killers auf dieselbe Weise zu lösen. Holes setzt seine Hoffnungen auf Seiten wie Ancestry.com oder 23andMe.com. Für ein paar hundert Dollar analysieren die Unternehmen Speichelproben und informieren ihre Kunden dann über ihre genetische Herkunft. Millionen von Menschen haben davon bereits Gebrauch gemacht, sei es, um sich eine Familienlegende bestätigen zu lassen oder um Verwandte aufzuspüren.

Mit etwas Glück, denkt Paul Holes, hat ein Kind oder ein Bruder oder eine Cousine des Golden State Killers so einen Test gemacht. Von dieser Person müsste die Spur zum Täter zurückverfolgt werden können. Mithilfe des Spermas von einem der Tatorte lädt der Wissenschaftler den genetischen Fingerabdruck des Täters auf die Websites FamilyTreeDNA.com und GEDMatch.com hoch. Dort wird er mit mehreren Millionen DNA-Profilen abgeglichen. Der Ermittler erhält eine Liste von Personen, die entfernt mit dem Mörder verwandt sind – Cousins und Cousinen dritten Grades. Hunderte Stunden lang rekonstruieren er und sein Team daraufhin den Stammbaum des Mörders, eine Familie mit mehreren tausend Mitgliedern.

Dann, im Februar 2018, schickt die Familienforscherin Barbara Rae Venter, die mit Paul Holes zusammenarbeitet, ihm eine E-Mail: »Ich glaube, wir haben was.« Auch sie hat das DNA-Profil des Golden State Killers auf eine Website, MyHeritage.com, hochgeladen und so Cousins zweiten Grades aufgespürt. Innerhalb weniger Wochen stellen die Ermittler eine Liste von zehn Personen zusammen, bei denen es sich um Verwandte des Mörders oder sogar um den Mörder selbst handeln könnte. Sie nehmen jedes Profil genau unter die Lupe. Ein erster Verdächtiger kann schnell ausgeschlossen werden, weil die Übereinstimmung zwischen der DNA seiner Schwester und der des Täters nicht hoch genug ist; so eng kann das Verwandtschaftsverhältnis nicht sein. Doch ein zweiter Verdächtiger weckt die Aufmerksamkeit der Ermittler. Es handelt sich um einen Mann, der in den siebziger Jahren in Kalifornien als Polizist gearbeitet hat.

Er wurde am 8. November 1945 geboren, ist einen Meter achtzig groß und hat blaue Augen. Ken Clark vergleicht die Fotos mit den verschiedenen Phantombildern des Verbrechers, die im Laufe der Jahre erstellt wurden. Jetzt sieht er auf jedem Bild nur noch ein und dasselbe Gesicht. Und der Mann lebt noch. Er wohnt sogar noch hier, gleich nebenan, in Sacramento County, genau gesagt im 8316 Canyon Oak Drive in Citrus Heights. Nur ein paar Autominuten von den Opfern von damals entfernt. Sein Name ist Joseph DeAngelo.

11

Ken Clark wählt für die Beschattung einen schwarzen Toyota Camry, eins der meistverkauften Autos in den USA und damit sehr gut geeignet, wenn man unauffällig bleiben will. Es ist der 19. April 2018, der Polizist hat den Kopf in die Hand gestützt. Seit einigen Nächten richtet er sich schon nach seiner neuen Routine. Seine Schicht fängt um neunzehn Uhr an, um sieben Uhr morgens wird er abgelöst. Zwölf Stunden lang nichts tun, außer geradeaus zu starren. Die ganze Nachbarschaft steht unter Beobachtung, mehrere Kollegen haben in der Nähe geparkt. Sollte der Verdächtige sich aus dem Staub machen wollen, würde er wohl nicht weit kommen.

Sie müssen vorsichtig an die Sache herangehen. Der Mann, den Ken Clark beobachtet, lebt mit einer seiner drei Töchter und deren Kind zusammen. Joseph DeAngelo ist zwar zweiundsiebzig Jahre alt, aber wenn man ihn beim Rasenmähen beobachtet, wirkt er voller Energie, wie ein junger Mann. Am Vortag war der Verdächtige mit dem Auto unterwegs. Das Team von der Tagesschicht verfolgte ihn bis zum Hobby Lobby in Sacramento. Während DeAngelo dort einkaufte, nahmen die Detectives auf dem Parkplatz seine DNA vom Türgriff des Autos ab, in der Hoffnung, seine Identität so endlich endgültig zu bestätigen. Die Analysen sind noch nicht abgeschlossen. Ken Clark hat zwar wenig Zweifel an der Identität des Mannes, aber er hütet sich vor voreiligen Schlüssen. DeAngelo wäre schließlich nicht der erste Verdächtige, der sich letztlich als unschuldig erweist. Das Ergebnis erreicht die Task Force am 20. April: Der alte Mann im 8316 Canyon Oak Drive ist der Golden State Killer.

Aber für Jubelgeschrei ist es noch zu früh. Bevor sie die neuen Informationen öffentlich macht, fordert Anne Marie Schubert von der Staatsanwaltschaft in Sacramento eine zweite DNA-Probe. Am 21. April, gegen achtzehn Uhr – Ken Clark ist auf dem Weg nach Citrus Heights – wird über Funk durchgegeben, dass der Serienmörder gerade in sein Auto gestiegen ist. Ein Dutzend Beamte heftet sich an seine Fersen. Sie folgen DeAngelo durch die engen Straßen von Citrus Heights und dann auf den dicht befahrenen Dwight D. Eisenhower Highway. Ken Clark ist noch ein Stück entfernt, fünf Minuten hinter seinen Kollegen. Einer der Polizisten teilt über Funk mit, dass der Verdächtige offenbar in Richtung des Sacramento International Airport unterwegs ist. Clark spürt, wie ihm ein schwerer Schweißtropfen den Rücken hinunterläuft. Sind sie aufgeflogen? Es könnte eine Kleinigkeit gewesen sein. Ein Anwohner, der DeAngelo erzählt hat, dass ein unbekanntes Auto in der Nachbarschaft seine Runden dreht. Ein Blickkontakt zwischen einem Detective und Joseph DeAngelo, der ihn aufmerken ließ. Hat er deshalb beschlossen zu fliehen? Auf dem Highway gibt der Verdächtige Gas. Der Golden State Killer wechselt von der linken auf die rechte Spur, als wollte er seine Verfolger so aus der Reserve locken. Die sechs Polizeiwagen bleiben auf Abstand. Dieses Spielchen spielen sie eine ganze Weile, und bald besteht kein Zweifel mehr, dass der Mann auf dem Weg zum Flughafen ist. Ken Clark beschleunigt. Aufklärungshubschrauber dürfen das Flughafengelände nicht überfliegen, das weiß er. Wahrscheinlich weiß der Mörder als ehemaliger Polizist das auch und steuert den Flughafen genau deshalb an.

Die verdeckte Verfolgungsjagd auf dem Highway geht weiter, aber plötzlich reißt der Mörder das Lenkrad nach rechts und nimmt die letzte Ausfahrt vor dem Flughafen zu einer Tankstelle. Den sechs Autos hinter ihm bleibt nichts anders übrig, als ihn davonkommen zu lassen, sonst hätten sie ihre Deckung aufgeben müssen. Nur Ken Clark hat glücklicherweise noch etwas Abstand und schafft es, hinter DeAngelo auf den Parkplatz einzubiegen. Der Sergeant entdeckt das Auto des Verdächtigen, Joseph DeAngelo sitzt bewegungslos darin. Clark parkt in sicherer Entfernung und zückt sein Fernglas. DeAngelo schaut sich um, er scheint auf der Hut zu sein. Als würde er auf etwas warten. Vielleicht auf Autos oder Gesichter, die ihm in den letzten Tagen in der Nähe seines Hauses aufgefallen sind oder die er auf dem Highway im Rückspiegel gesehen hat. Vielleicht wartet er einfach nur darauf, dass ein Dutzend Beamte, die Waffen im Anschlag, sein Auto umzingeln und ihn anschreien, dass er aussteigen soll. Nach zwanzig Minuten lässt er den Motor wieder an. Er fährt beim Flughafen ab und dann zurück auf den Highway in die andere Richtung. Ken Clark ist ihm, in einigem Abstand, die ganze Zeit über auf den Fersen. Der Golden State Killer fährt nach Hause, nach Citrus Heights.

Zwei Tage später, am 23. April, ergibt sich endlich eine Gelegenheit, eine zweite DNA-Probe zu nehmen. Der alte Mann hat gerade seinen Müll rausgebracht. Als es dunkel wird, sammeln die Polizisten Dosen und Flaschen ein, und alles andere, was vielleicht mit dem Mund des Täters in Berührung gekommen sein könnte. Später an diesem Abend warten Paul Holes und Ken Clark auf die Laborergebnisse und arbeiten am Haftbefehl für den Golden State Killer. Sie listen all seine Verbrechen auf und beschreiben seine Vorgehensweise detailliert. Das Dokument umfasst etwa hundert Seiten. Darin ist zu lesen: »Zwischen April 1974 und Mai 1986 beging ein weißer Mann, der East Area Rapist genannt wurde, in Kalifornien mindestens siebenundfünfzig Gewaltverbrechen, darunter zahlreiche Vergewaltigungen und dreizehn Morde. Er ist verantwortlich für Hunderte von sexuell motivierten Einbrüchen […] und zahlreiche Fälle von sexueller Belästigung per Telefon. Der Verdächtige konnte nun anhand von DNA-Proben identifiziert werden.« Die Detectives fordern DeAngelos Festnahme wegen der Morde an Brian und Katie Maggiore, dem jungen Ehepaar, das in einem Nachbargarten erschossen wurde. Dieser Doppelmord fällt in die Zuständigkeit der Staatsanwaltschaft des Bezirks. Die Vergewaltigungen sind verjährt.

Am nächsten Tag trifft das Ergebnis der DNA-Probe ein und bestätigt die Identität des Mörders. Ken Clark hetzt zum Büro der Staatsanwaltschaft, um seinen Haftbefehl von einem Richter unterzeichnen zu lassen. Die Minuten, in denen der Richter durch die Akte blättert, fühlen sich für Clark wie Stunden an. Der Polizist kann kaum stillsitzen. Er weiß, dass sein Team nicht zuschlagen kann, bevor der unterschriebene Haftbefehl vorliegt. Nach einer halben Ewigkeit greift der Richter zu einem Stift und setzt seine Unterschrift unter das Dokument. Normalerweise braucht man für die Strecke von der Staatsanwaltschaft bis zum Haus des Mörders etwa zwanzig Minuten. Aber zu dieser Tageszeit herrscht dichter Verkehr. Als Clark schließlich beim 8316 Canyon Oak Drive in Citrus Heights ankommt, steigt er in ein Überwachungsfahrzeug, das beim Supermarkt geparkt steht. Genau in diesem Moment knackt das Funkgerät, und eine Stimme ertönt: »Der Verdächtige hat soeben sein Haus verlassen.« Endlich ist der Moment gekommen: Nach zweiundvierzig Jahren, dreizehn Morden, fünfzig Vergewaltigungen und fast zweihundert Einbrüchen wird der Golden State Killer endlich verhaftet.

12

Bedächtig setzt Ken Clark einen Fuß vor den anderen. Er geht langsam auf Joseph DeAngelo zu, bis er ihm Auge in Auge gegenübersteht. Der Serienmörder ist umringt von einem halben Dutzend Leuten vom SWAT-Team und der Fugitive Unit – Polizeibeamte, die auf die Festnahme von Schwerverbrechern spezialisiert sind. »Was zur Hölle ist hier los?«, schreit DeAngelo. Hätte Clark noch an den Beweisen gezweifelt, wäre dies seine endgültige Bestätigung gewesen: Er erkennt die Stimme, die, wenn der Verdächtige die Beherrschung verliert, bricht und schrill wird. Die Stimme, die ihm schon so viele Opfer beschrieben haben. DeAngelo wird in Handschellen gelegt. Ein Polizist führt ihn zum Rücksitz eines Polizeiautos. Clark setzt sich hinters Steuer. Der Sergeant hat diesem Moment so lange entgegengefiebert, aber jetzt merkt er, dass er gar nicht darauf vorbereitet ist. Soll er etwas sagen? Oder schweigen? Auf ein Geständnis des Täters hoffen? Er schaltet ein Diktiergerät an, um alles aufzuzeichnen, was im Auto gesprochen wird. Aber es ist unerwartet still. DeAngelo atmet schnell und heftig. Vielleicht ist er damit beschäftigt, die Situation zu analysieren, seine Möglichkeiten durchzugehen, wie er sich noch aus der Angelegenheit herauswinden kann, abzuschätzen, welche Informationen die Beamten wohl haben und was sie ihm anlasten wollen: ein Verbrechen, zwei Verbrechen, Dutzende von Verbrechen? Schließlich sagt er einen Satz, mit dem wirklich niemand gerechnet hat: »Ich habe einen Braten im Ofen.« Ken Clark zuckt nur mit den Schultern und dreht den Zündschlüssel.

Die ganze Fahrt über herrscht Schweigen. Den ganzen Weg bis zur Centralized Investigations Division, die das alte Sheriff's Department ersetzt hat, in dem so viele Polizisten den East Area Rapist so viele Jahre lang vergeblich gejagt haben. Joseph DeAngelo spricht nur noch einen zweiten Satz. »Meine Handschellen sind zu eng«, beschwert er sich und schaut in den Rückspiegel, wo Ken Clark ihn keine Sekunde aus den Augen lässt. Ebenso stumm gehen die beiden in den Verhörraum. Zwei Stühle, ein Metalltisch. DeAngelo und Clark nehmen einander gegenüber Platz. An der Wand ist eine Kamera angebracht, die Szene wird gefilmt. In einem Nebenraum drängen sich mehrere Personen und verfolgen das Verhör auf einem Bildschirm. Auch Detectives aus anderen Bezirken und die Staatsanwältin von Sacramento, Anne Marie Schubert, sind dabei. Schubert hat das Gefühl, Hannibal Lecter zu beobachten.

Ken Clark bricht das Schweigen als Erster. Er erklärt Joseph DeAngelo, warum er hier ist: Er wird beschuldigt, der Golden State Killer zu sein und mindestens fünfzig Vergewaltigungen, dreizehn Morde und weit über hundert Einbrüche begangen zu haben. Seine DNA wurde an den Tatorten gefunden. Es gibt keinerlei Zweifel. Ihm gegenüber sitzt der Angeklagte aufrecht auf seinem Stuhl, die Handschellen sind ihm abgenommen worden. Er zuckt nicht ein einziges Mal mit der Wimper. Der Polizist beschreibt die erste Vergewaltigung im Juni 1976. Keine Reaktion. Clark spricht über den Mord an Brian und Katie Maggiore. Er bringt die Aussagen der Nachbarn zur Sprache, die Schlussfolgerungen der Polizei, er versucht, die Neugier seines Gegenübers zu wecken, lässt einige skandalöse Details fallen. »Wenn Sie wollen«, sagt er, »können wir uns darüber unterhalten.« Er stellt Fragen zum Tatort, zum Mord, zu den Motiven. Aber Joseph DeAngelo bleibt stumm. Als »katatonisch« wird ihn der Sergeant später beschreiben.

Trotzdem versucht Ken Clark alles. Er ist freundlich, nahbar, offen, berechnend, autoritär, distanziert, mal so, mal so, dann alles auf einmal. Ohne Erfolg. Im Laufe seiner Karriere hat er über zweihundert Verhöre geleitet. Manche Straftäter sind vor ihm zusammengebrochen, manche musterten ihn, als wollten sie ihn zu ihrem nächsten Opfer machen, andere wiederum machten sich über ihn lustig. Er hat schon alle Arten von Mördern, Vergewaltigern und Psychopathen erlebt, aber die meisten fingen irgendwann an zu reden. Dieser Mann ist anders. Nach ein paar Stunden muss Clark erst mal aufgeben, jetzt dürfen seine Kollegen aus anderen Bezirken ihr Glück versuchen.

Ein Detective bringt ihm eine Dose Dr. Pepper – keine Reaktion. Ein anderer breitet Fotos der Opfer und Tatorte vor ihm aus – keine Reaktion. Ein dritter bietet ihm eine Toilettenpause an – keine Reaktion. Acht

Stunden lang sitzt Joseph DeAngelo schweigend auf seinem schwarzen Stuhl. Auf keinen einzigen Kommunikationsversuch geht er ein. Kein Wort kommt ihm über die Lippen. Mit einer einzigen Ausnahme: Als er kurz allein gelassen wird, zeichnen die Mikrophone und die Kamera auf, wie DeAngelo kurze Sätze vor sich hin murmelt. Man muss genau hinhören, um ihn zu verstehen, aber es lohnt sich: »Ich habe nichts getan«, flüstert Joseph DeAngelo sich selbst zu. »Ich habe die Kontrolle übernommen. Ich bin stärker geworden. Ich bin stärker geworden. Ich habe endlich die Kontrolle übernommen. Ich habe ihn vertrieben. [...] Ich habe Jerry aus meinem Leben verbannt. Und dann ein glückliches Dasein geführt. Ach, so glücklich und wunderbar. Es war einfach wunderbar, einfach wunderbar. Er war die ganze Zeit da. [...] Ich war nicht stark genug, um gegen ihn anzukommen. [...] Ich konnte nicht. Ich wollte nicht. Ich wollte nicht rausgehen, ich wollte das alles nicht tun. Er hat mich dazu gebracht. Ich war nicht stark genug, um gegen ihn anzukommen. [...] Alle meine Kinder leiden fürchterlich. Es ist fürchterlich, wie sie leiden. Und alles nur, weil ich so schwach war.«

Ein Detective ergreift die Gelegenheit und versucht es mit einer neuen Strategie. Er führt die Töchter des Serienmörders an die Tür des Verhörraums. Joseph schaut sie schweigend an. Eine der Frauen beginnt zu schluchzen: »Ich hab dich lieb, Dad.« Der Mann verzieht keine Miene. Dann sagt er immer wieder: »Geh, geh, geh. Adieu.« Wie weggetreten wiederholt er die gleichen Wörter immer und immer wieder. Auch nachdem die Tür längst ins Schloss gefallen ist.

Am nächsten Tag fährt Ken Clark noch mal zum Haus von Joseph DeAngelo, 8316 Canyon Oak Drive. Seit dem Vortag ist bereits jedes Zimmer von oben bis unten auf den Kopf gestellt worden. Hinter einem gelb-schwarzen Absperrband mit der Aufschrift *sheriff's line – do not cross* steht ein halbes Dutzend Autos von Polizei und FBI. Beamte eilen zwischen dem Haus und ihren Fahrzeugen hin und her. Sie tragen stapelweise Kartons und in Plastik verpackte Gegenstände hinaus und verstauen sie in den Kofferräumen. Alle Gewehre des Angeklagten werden konfisziert, die Erde im Garten sorgfältig umgegraben. Mit einem Metalldetektor werden mögliche »Andenken« an die Opfer gesucht, die dort vergraben sein könnten. Auch die Hauswände und der Dachboden werden so inspiziert.

Während Ken Clark sich durch das Gewusel schlängelt und umschaut, hat er nicht gerade das Gefühl, in die Höhle des Bösen vorzudringen. Die Einrichtung entspricht jedem Klischee eines Vorstadthäuschens von einem Mittelschichts-Opa. DeAngelos Schlafzimmer ist ein einziges Chaos. Die Polizisten haben es schon vollständig durchforstet. Ein Foto der Mutter des Angeklagten steht auf einer Kommode neben dem Bett, im begehbaren Kleiderschrank findet sich ein Glas Erdnussbutter. Clarks Blick bleibt kurz an dem ungemachten Bett hängen und schweift dann über den Computermonitor. Der Bildschirm ist mit einem Handtuch abgedeckt. Das erinnert den Sergeant an die Gewohnheit des Vergewaltigers, die laufenden Fernseher seiner Opfer zu verhängen; er hat eine Vorliebe für gedämpftes Licht.

DeAngelos Tochter und Enkelin sind nicht im Haus.

Die beiden stehen unter Schock, wie auch der Rest der Familie. Die Schwester Rebecca »kann das alles einfach nicht glauben«. Sie hätte nie für möglich gehalten, dass »Joe« zu »solchen Dingen« fähig wäre, nie habe es irgendwelche Hinweise gegeben. Sharon, DeAngelos Ex-Frau und Mutter seiner drei Töchter, hat ein kurzes Statement abgegeben: »Meine Gedanken und Gebete sind bei den Opfern und ihren Familien.« Die Ermittler raten allen Familienmitgliedern, sich von Social Media fernzuhalten; sie warnen, dass über ihren Namen bald ein Tsunami der medialen Aufmerksamkeit hereinbrechen werde. Doch dies sind nur ein paar der vielen Telefonate, die die Ermittler in diesen Tagen führen müssen.

13

Carol Daly sitzt im Auto, als ihr Handy klingelt. Aus der Freisprechanlage ertönt die Stimme des Sheriffs: »Hallo, Carol. Ich wollte dir nur Bescheid geben, dass wir den East Area Rapist identifiziert haben.«

»Das ist nicht Ihr Ernst?«

»Mein voller Ernst. Sein Name ist Joseph DeAngelo, und er sitzt jetzt in U-Haft.«

Die ehemalige Polizistin ist inzwischen achtundsiebzig Jahre alt. Den Namen des Täters hat sie noch nie gehört, und sie glaubt auch nicht, ihn je auf einer der langen Listen von Verdächtigen gelesen zu haben. Ihr erster Impuls ist jedoch nicht, ihre alten Akten zu durchforsten und sie im Licht der neuen Informationen noch einmal durchzugehen. Nein, sie bittet darum, die Opfer, zu denen sie noch Kontakt hat, anrufen zu dürfen, bevor die Informationen durch die Medien zu ihnen gelangen. Der Sheriff gewährt es ihr. Für Carol Daly beginnt damit ein Wettlauf gegen die Zeit. Sie muss Dutzende von Anrufen machen, und ihr bleiben nur wenige Stunden Zeit. Jane, das fünfte Opfer des Serienvergewaltigers, geht als Erste ans Telefon. Die beiden Frauen sind seit 1976 in Kontakt geblieben. Eigentlich will Daly sagen: »Hey Jane. Der

East Area Rapist wurde verhaftet. Er sitzt im Gefängnis. Mach dich auf den Medienrummel gefasst.« Aber ihre Stimme geht schnell in Geschrei, Tränen und Fragen unter.

Die siebenundfünfzigjährige Kris MacFarlane, die inzwischen Kris Pedretti heißt, ist gerade in Los Angeles bei einer Konferenz der American Cancer Society. Sie liegt noch im Bett, als am 25. April gegen sechs Uhr morgens ihr Handy vibriert. Eine Nachricht von ihrer Tochter: »Ich glaube, sie haben ihn geschnappt.« Kaum hat sie diese geheimnisvolle Botschaft gelesen, geht auch schon ein Anruf ein. Es ist Carol Daly. In respektvollem Ton sagt sie: »Kris, es gibt Neuigkeiten. Sie haben den East Area Rapist drangekriegt.« An die nächsten Minuten kann sich Kris MacFarlane später nicht erinnern. Sie weiß, dass auch der Sheriff sie angerufen hat und dann Steve, ihr Mann. Er will kommen und sie abholen. Aber sie sagt, das sei nicht nötig, und nimmt selbst den ersten Southwest-Flug nach Sacramento. Anderthalb Stunden Flug, auf dem sie in der letzten Reihe sitzt und weint. Im Laufe der Zeit hatte sie sich eingeredet, ihr Vergewaltiger müsse längst tot sein. In Sacramento angekommen besucht sie eine Pressekonferenz der Staatsanwältin Anne Marie Schubert. Diese erklärt: »Heute ist National DNA Day. […] Wir haben die Nadel im Heuhaufen gefunden. Und sie war hier versteckt, in Sacramento.«

Zwei Tage später wird Kris zusammen mit anderen Opfern und ihren Familien in einen Gerichtssaal geführt, nahe dem Superior Court von Sacramento. Sie sitzt mit ihrem Ehemann Steve in der ersten Reihe. Auf der anderen Seite, links von ihr, sitzt Anne Marie Schubert. Ein Dutzend Kameraleute haben sich vor ihnen positioniert, um ihre Reaktionen festzuhalten, wenn der Angeklagte in den Saal kommt. Schließlich öffnet sich eine Tür. Kris sieht Joseph DeAngelo dahinter auftauchen, flankiert von mehreren Beamten. Er sitzt in einem Rollstuhl und trägt einen orangenen Häftlingsanzug. Seine Handgelenke sind an den Armstützen fixiert, seine Augen halb geschlossen, der Mund steht offen. Er wirkt wie versteinert. Noch vor wenigen Tagen ist er Motorrad gefahren und hat mit jugendlichem Elan Rasen gemäht. Jetzt sieht er aus wie ein alter Mann. Schauspielert er oder nicht? Sein Schädel ist übersät mit schorfigen Krusten, als hätte er sich wie ein Besessener aufgekratzt. Eine Reporterin der *Los Angeles Times*, Paige St. John, schreibt später, »in Polizeikreisen wurde berichtet«, er habe seinen Kopf am Vorabend an den Wänden seiner Zelle aufgerieben.

Joe DeAngelo wird an seinen Platz gebracht, mit dem Rücken zum Publikum, dem Richter zugewandt. Er darf die Frauen, die hinter ihm sitzen, nicht anschauen oder ansprechen. Der Richter, Michael Sweet, beugt sich vor: »Ihr Name ist also Joseph DeAngelo?« Seine Antwort – »Ja« – klingt so leise und schwach, dass der Richter noch einmal nachhaken muss. Es wird verlesen, dass der Angeklagte der Morde an Brian und Katie Maggiore beschuldigt werde und dass man ihn auch gegen eine Kaution nicht aus der Haft entlasse. Der Richter fragt ihn, ob er einen Anwalt habe. Mit belegter Stimme antwortet Joseph DeAngelo: »Eine Anwältin«. Dann wird er hinausgeschoben. Insgesamt hat die Sitzung drei Minuten und fünfzig Sekunden gedauert. Joseph DeAngelo hat kein Wort über seine Opfer verloren und auch kein Wort über sich selbst.

TEIL DREI

Auge in Auge

1945–2018

14

Während in den siebziger und achtziger Jahren nur in der Lokalpresse über den East Area Rapist berichtet wurde, sorgt Joseph DeAngelos Verhaftung und die Entdeckung der tatsächlichen Ausmaße seiner Verbrechen 2018 landesweit für Aufsehen. Die großen nationalen Zeitungen, *New York Times, Washington Post* und *Los Angeles Times,* stürzen sich auf den Fall. Die Morning Shows und die Abendnachrichten schicken ihre Reporter zum Haus der DeAngelos, als könnte es jeden Moment selbst anfangen zu sprechen. Nach und nach schließen sich die Lücken in der Story.

Joseph DeAngelo trägt, wie viele Amerikaner, denselben Vornamen wie sein Vater. Joseph DeAngelo senior wird in Bath im Bundesstaat New York geboren und dient in den vierziger Jahren in der US Air Force. Er ist an Luftangriffen über Italien, Frankreich, Österreich und Deutschland beteiligt. Von diesen Einsätzen kehrt er mit Orden behängt zurück. In einem Artikel über ihn aus dem Jahr 1943 heißt es, er sei bei einem Luftkampf mit japanischen Streitkräften angeschossen worden. Ein Foto illustriert den Artikel: Joseph DeAngelo senior trägt stolz seine Militärmütze und lächelt breit. Sein Sohn wird ihm wie aus dem Gesicht geschnitten sein. Bevor DeAngelo 1941 in den Krieg zieht, heiratet er Kathleen DeGroat, eine junge Frau aus dem Bundesstaat New York. Ihre erste Tochter, Rebecca DeAngelo, wird 1942 geboren. Am 8. November 1945 folgt dann der erste Sohn, Joseph DeAngelo junior. Am 15. August 1948 wird Constance und am 21. Oktober 1949 John geboren. Die Familie zieht mit dem Vater von Militärstützpunkt zu Militärstützpunkt: Oklahoma, Washington, New Jersey, Deutschland und schließlich Kalifornien – genauer gesagt Rancho Cordova bei Sacramento. Der Vater ist nicht oft da. Anfang der fünfziger Jahre zieht er in den Koreakrieg, später wird er nach Florida versetzt. In Rancho Cordova übernimmt Joseph, genannt »Joe«, die Rolle des Familienoberhaupts. Er kümmert sich wie ein Vater um die Geschwister. Er kocht für sie, bringt sie zur Schule und holt sie wieder ab. Die Mutter arbeitet inzwischen als Kellnerin bei Denny's, einer Fastfood-Kette. Sie geht jetzt öfter mit einem Schweißer aus Südkalifornien aus. In Rancho Cordova ziehen die DeAngelos ständig um. Alle ihre Möbel sind mit Hypotheken belastet. Regale, Kleiderschränke, das Hochbett der Kinder, sogar das Radio – nichts gehört ihnen wirklich.

Als Kind und Jugendlicher ist Joseph junior ständig auf der Suche nach einem Zuhause. Er hängt sich oft an die Familien seiner Freunde, will unbedingt dazugehören. Eine Zeit lang nennt er die Eltern eines Schulkameraden »Mom« und »Dad«. Später geht er nach Vietnam. Dort verbringt er drei Jahre bei der Marine, auf dem Raketenkreuzer USS Canberra, am siebzehnten Breitengrad – an der Grenze zwischen Nord- und Südvietnam. Seine Rückkehr in die USA wird in der Lokalpresse angekündigt. Auf dem Foto trägt er eine weiße Matrosenuniform und hat ein schwarzes Tuch um den Hals geknotet. In den Jahren darauf setzt er sein Studium fort und schließt 1972 an der California State University in Sacramento einen Bachelor in Rechtswissenschaften mit dem Schwerpunkt Strafrecht ab. Anschließend absolviert er ein sechsmonatiges Praktikum bei der Streifenpolizei in Roseville, einer Stadt nördlich von Citrus Heights im Sacramento County.

In dieser Zeit lernt er Sharon Huddle kennen, die mit ihren zwanzig Jahren sieben Jahre jünger ist als er. Sie hat die San Juan High School und das American River College besucht. Wie so oft wird Joseph DeAngelo schnell Teil ihrer Familie. Nur ein paar Monate nach ihrem Kennenlernen zieht er sogar bei seinem Schwager James Huddle in Citrus Heights ein. Die beiden Männer verbringen viel Zeit zusammen. Sie ziehen um die Häuser. Manchmal machen sie mit einem kleinen Doppeldeckerflugzeug gemeinsame Rundflüge. Sie gehen auf die Jagd oder machen Motocross-Spritztouren.

1973 heiraten DeAngelo und Sharon Huddle. Im selben Jahr folgt er seiner Mutter und Schwester nach Exeter, eine landwirtschaftlich geprägte Kleinstadt im Süden des Bundesstaates im Tulare County. Seine Frau zieht ebenfalls nach. DeAngelo nimmt eine Stelle bei der Polizei an, in einem kleinen Police Bureau auf dem Land mit nur wenigen Beamten, fast wie eine kleine Familie in Uniform. Joseph DeAngelo fällt dort schnell auf. Er ist sarkastisch, hochmütig und ernst. Er lacht selten über die Witze seiner Kollegen. Er scheint eine gewisse Distanz wahren zu wollen zwischen sich, einem studierten Officer, und ihnen, Wald-und-Wiesen-Polizisten, die den Job eben machen, wie sie auch jeden anderen hätten machen können. Als er eingestellt wird, berichtet das Lokalblatt: »Navy-Veteran tritt Polizeidienst in Exeter an«. Joe wird in dem Artikel mit einer für den Kontext etwas hochtrabenden Aussage zitiert: »Ohne Recht und Ordnung kann es keine Regierung geben und ohne demokratische Regierung keine Freiheit. Das Gesetz ist mein Beruf. Als Polizist diene ich der Gemeinschaft.« Joseph DeAngelo hat aber höhere Ambitionen als die Polizeibehörde von Exeter. Er hat sich an der Kings County Public Safety Academy eingeschrieben. Einige seiner Kurse finden am College of Sequoias in Visalia statt, einer Kleinstadt nahe von Exeter. Seit April 1974, ein knappes Jahr nach Joes Ankunft, wird das Leben in der Stadt von den Streifzügen eines seltsamen Einbrechers bestimmt, der Häuser verwüstet und Familienporträts kurz und klein schlägt, mit Damenunterwäsche spielt, Kleinigkeiten klaut, aber kein Interesse an Wertgegenständen zu haben scheint. Und der am 11. September 1975 einen Mann tötet, als dieser versucht, die Entführung seiner Tochter zu verhindern. Claude Snelling unterrichtete Journalismus am College of Sequoia – wo auch Joe einige Vorlesungen besucht.

Die örtliche Polizei stößt bei dem Fall schnell an ihre Grenzen. Sie fordert Verstärkung von den Departments der umliegenden Städte an, auch in Exeter, wo man bereitwillig zustimmt. Joseph DeAngelo beteiligt sich also auch selbst an der Jagd auf den Visalia Ransacker. Besonders hilfreich ist er dabei natürlich nicht: Der Einbrecher und Mörder scheint sich im Dezember 1975, nachdem Detective William McGowen ihn fast gefasst hätte und sein Phantombild veröffentlicht wird, in Luft aufzulösen. Einige Monate später zieht Joseph DeAngelo nach Auburn, nur dreißig Minuten von Rancho Cordova und Sacramento County entfernt. Auch dort hat er Arbeit bei der Polizei gefunden. Als er seine neue Stelle antritt, hat er einige Kilo abgenommen und trägt einen Schnauzer, ganz nach der Mode der Zeit. Neue Stadt, neues Gesicht.

Unterdessen wird seine Frau Sharon an der McGeorge School of Law in Sacramento City angenommen. Sie will Anwältin werden. Die beiden haben getrennte Schlafzimmer und zusätzlich ein drittes Zimmer, das sie gemeinsam nutzen und in dem sie zusammenkommen können. Laut Sharon sind die Gründe dafür, dass sie selbst oft bis spät in die Nacht lernen muss und Joe bei der Polizei im Schichtdienst arbeitet. Manchmal ist er nachts unterwegs, manchmal tagsüber.

Im Police Bureau in Auburn hat DeAngelo seinen Ruf schnell weg: Er wird »Junk Food Joey« genannt, in Anspielung auf seine Liebe für Chips und Softdrinks. Seinen Kollegen gegenüber ist er offen, aber nicht zu offen; er arbeitet effizient, aber auch nicht zu effizient. Sein Sergeant, Nick Willick, beschreibt ihn später als einen »durchschnittlichen Polizisten, der nie besonders positiv oder besonders negativ aufgefallen« wäre.

Kurz nach DeAngelos Ankunft erschüttert eine Serie

von Straftaten das County – wie zuvor in Visalia. Ein Mann bricht in die Häuser von Frauen ein, missbraucht sie und verschwindet dann in die Nacht. Die Medien nennen ihn den East Area Rapist. Rancho Cordova, Citrus Heights und Carmichael, wo die meisten Verbrechen begangen werden, leben in Angst. James Huddle, Joes Schwager, wohnt in dieser Gegend. Er macht sich Sorgen um seine Frau und Tochter. Nur ein paar Straßen weiter sind zwei Frauen vergewaltigt worden. Seine Nachbarn erleuchten ihre Gärten mit Scheinwerfern, bauen neue Schlösser in ihre Türen ein, bringen vor den Fenstern Gitter an. Er folgt ihrem Beispiel. Außerdem hat er sich eine Pistole gekauft, die jetzt nachts unter seinem Kopfkissen liegt. Einmal bittet er Joe DeAngelo sogar, sich seine Sicherheitsmaßnahmen einmal anzusehen. Die beiden Männer gehen gemeinsam durchs Haus, Joe überprüft die Türschlösser, rüttelt an den Gitterstäben vor den Fenstern. Er schaut sich jede der Maßnahmen an, die sein Schwager getroffen hat, dreht sich dann zu ihm um und sagt in zuversichtlichem Ton: »Du brauchst dir keine Sorgen zu machen.« Aber die Opferzahlen steigen weiter an. Im Juli 1979 hat der East Area Rapist schon fünfzig Menschen überfallen. Dann hört der Spuk plötzlich auf – wie zuvor in Visalia.

Im August darauf verliert Joseph DeAngelo seinen Posten bei der Polizei in Auburn. Eine seltsame Geschichte: Am 21. Juli schlendert DeAngelo durch die Regalreihen eines Ladens und steckt sich eine Dose Hunde-Abwehrspray und einen Hammer der Marke Stanley unters T-Shirt. Ein Angestellter hat den Diebstahl beobachtet und bittet den Polizisten, ihm und seinem Kollegen ins Nebenzimmer zu folgen. DeAngelo gibt sich empört. Er schreit die Mitarbeiter an, dass er nicht mit ihnen kommen werde, dass er nichts gestohlen habe. Er will das Geschäft verlassen. Die beiden Männer packen ihn am Arm. DeAngelo wehrt sich, brüllt, täuscht sogar einen Herzinfarkt vor, damit die beiden Männer ihn loslassen. Er versucht noch einmal zu flüchten, aber die Mitarbeiter holen ihn ein und fesseln ihn an einen Stuhl. Ein paar Minuten später erklärt DeAngelo ihnen, er habe eine Gehirnerschütterung erlitten und sei verwirrt gewesen. Er behauptet, er fühle sich schlecht und müsse sich übergeben. Er nennt seinen vollständigen Namen und redet wirr. Nachdem die Männer seine Identität als Polizeibeamter aus Auburn bestätigen können, lassen sie ihn laufen. Doch die Erleichterung hält nicht lange an: Einen Monat nach dieser Episode wird DeAngelo entlassen. Das setzt ihm sehr zu. Er verklagt seine Vorgesetzten wegen Schikane. Seine Entlassung habe psychische Schäden bei ihm hinterlassen, erklärt er. Jedem, der es hören will, sagt er, er habe noch nie irgendetwas gestohlen. Und manchmal fügt er hinzu, er werde seinen ehemaligen Vorgesetzten, Lieutenant Willick, um die Ecke bringen. Das erzählt er zum Beispiel seinem Schwager James Huddle, der nur mit den Schultern zuckt, und der Therapeutin, die seine Beschwerde überprüfen soll.

Einige Zeit später wacht Nick Willick nachts auf und bemerkt, dass seine kleine Tochter ins Ehebett geklettert ist und sich am Fußende zusammengerollt hat. Auch am nächsten Morgen ist sie noch verstört von ihrem nächtlichen Erlebnis: Ein Mann habe sie beim Schlafen beobachtet. Der Lieutenant kann am Haus keine Spuren eines Einbruchs oder Einbruchsversuchs feststellen. Dann schaut er aus dem Kinderzimmerfenster: Direkt darunter zeichnen sich in der Erde deutlich zwei Fußabdrücke ab.

Joseph DeAngelo ist inzwischen dreiunddreißig Jahre alt. Jetzt, wo er arbeitslos ist, hat er alle Zeit der Welt, durch die Gegend zu reisen, wann und wohin er will. Zum Beispiel in den Süden Kaliforniens, nach Long Beach, wo seine Frau Sharon beruflich oft zu tun hat. Eine Küstenstadt in der Nähe von Los Angeles, nur wenige Autominuten von Dana Point und Irvine entfernt, wo das Ehepaar Harrington und Manuela Witthuhn bald darauf ermordet werden.

Im September 1981 bringt Sharon ihre erste Tochter zur Welt. Fünf Jahre später, am 26. November 1986, wird die zweite Tochter geboren, am 14. Mai 1989 die dritte. Joseph DeAngelo wird von seinem Umfeld als liebevoller Vater beschrieben, der mit seinen Töchtern segeln geht, sie zum Musik- und Reitunterricht bringt und sich für ihre Schullaufbahn interessiert. Eine Zeit lang arbeitet DeAngelo bei der Pacific Gas and Electric Company als Tellerwäscher, später absolviert er eine staatlich finanzierte Ausbildung zum LKW-Mechaniker. Er findet einen Job im Save Mart's Distribution Center in Roseville, in der Nähe von Sacramento. Er taucht jeden Tag bei der Arbeit auf, meldet sich nie krank, erledigt seine Aufgaben immer akribisch. Inzwischen lebt die Familie in Citrus Heights, in einem beigen Einfamilienhaus mit roten gemauerten Säulen. 1991 ist es mit der Idylle zu

Ende: Das Paar trennt sich. Joseph DeAngelo hält aber engen Kontakt zu seinen Schwiegereltern, die er »Mom« und »Dad« nennt. Auch die Freundschaft zu seinem Schwager James bleibt bestehen. Die beiden Männer sitzen manchmal stundenlang zusammen und basteln an ihren ferngesteuerten Modellbooten. Aber wirklich wohl fühlt sich James in der Gegenwart von Joe nie. Er hat den Eindruck, Joe verhalte sich nie authentisch und sei immer beherrscht. Er zeigt auch keine Zuneigung. Nie ein Kuss. Nie eine Umarmung. Joe scheint zwischen sich und seinen Mitmenschen immer Barrieren zu errichten. Wenn Leute sich umarmen, sagt er: »Das muss doch wohl nicht sein in der Öffentlichkeit!«

Ein ähnliches Bild haben auch seine Nachbarn von ihm. Sie beschreiben ihn als schwer greifbar. DeAngelos Haus ist makellos gepflegt, von innen wie von außen. Das Geschirr wird immer gespült, das Badezimmer geschrubbt und das Gras im Vorgarten um die dekorativen Steine herum millimetergenau gemäht. DeAngelo wird die Strenge eines Ex-Militärs nachgesagt. Die Nachbarn sehen ihn oft im Garten knien, wo er sich um seinen Rasen kümmert. Manche nennen ihn »Crazy Joe«, andere »Freak«. Auch unter dem Spitznamen »Schreihals« ist er bekannt, weil er so schnell losbrüllt – ob er seine Schlüssel verloren hat, mit seiner Ex-Frau streitet oder ein Hund in der Nachbarschaft zu laut bellt. Manchmal brüllt er auch ohne ersichtlichen Grund.

Grant Gorman, der Sohn der Familie nebenan, kann das aus erster Hand bezeugen. Nachts beobachtet er manchmal, wie DeAngelo draußen herumgeistert. Vor allem aber hört er ihn, wie er Obszönitäten und Todesdrohungen ausstößt: »Ich bring sie um«, immer und immer wieder. Grant und seine Familie denken sich lange Zeit nicht viel dabei. Das ist eben Joe, sagen sie sich, der verrückte, griesgrämige Alte aus der Nachbarschaft. Bis ihnen eine Nachricht, ohne Begrüßung oder jegliche Höflichkeitsfloskel, auf den Anrufbeantworter gesprochen wird: »Wenn Sie Ihren Hund nicht zum Schweigen bringen, gibt es Tote.« Die Stimme ist unverkennbar. Ein paar Wochen später erkrankt der Rottweiler ganz plötzlich an einer mysteriösen Muskelschwäche und stirbt.

15

Wäre Joseph DeAngelos kriminelle Laufbahn vermeidbar gewesen? Hätte er gestoppt werden können? Hätte man hinter seiner Fassade des Familienvaters den Serienmörder und -vergewaltiger erkennen müssen? Seit seine Identität enthüllt wurde, quälen sich die Bekannten und Verwandten des Täters ständig mit diesen Fragen. James Huddle zum Beispiel. Wenn er die vielen Jahre, die er seinen ehemaligen Schwager schon kennt, Revue passieren lässt, fallen Sharons Bruder einige Momente ein, die bei ihm einen bitteren Beigeschmack hinterlassen haben. Zum Beispiel dieser Tag in den frühen Siebzigern: Die beiden Männer sind mit dem Auto in Sacramento unterwegs. Auf dem Auburn Boulevard schneidet Joe ein anderes Auto. Die Insassen wollen sich das nicht gefallen lassen und fahren so dicht auf, dass sie praktisch an Joes Stoßstange kleben. DeAngelo zeigt ihnen den Mittelfinger und biegt auf einen McDonald's-Parkplatz ab, das andere Auto folgt ihnen. Zwei Männer steigen aus und kommen auf sie zu. Da zieht DeAngelo plötzlich einen Revolver und richtet ihn auf die Unbekannten, die sich daraufhin wortlos abwenden. Auf der Rückfahrt schweigen die beiden Männer. James Huddle lässt schon damals das Gefühl nicht los, dass nicht viel gefehlt hätte und DeAngelo hätte tatsächlich geschossen. Außerdem schaut Joseph DeAngelo mit seinen Töchtern zwar Horrorfilme an, verbietet ihnen aber eine Art von Sendungen: nämlich Dokumentarfilme über Serienmörder und Kriminalfälle.

Aber vielleicht muss man noch weiter in die Vergangenheit schauen, um zu verstehen, wer Joseph DeAngelo wirklich ist. Im Frühjahr 1969 hat der spätere Golden State Killer noch keinen einzigen Mord begangen; er ist noch kein Polizist; er kennt Sharon Huddle noch nicht. Er ist dreiundzwanzig Jahre alt und gerade aus Vietnam zurückgekehrt, als er die achtzehnjährige Bonnie Colwell kennenlernt. Bonnie stammt aus einer Akademikerfamilie, die nur Vorzeigekinder hervorbringt. Der Vater ist Direktor einer Highschool in Sacramento, die Brüder waren alle Klassensprecher. Bonnie ist eine Überfliegerin, war immer Klassenbeste. Sie studiert im zweiten Jahr Naturwissenschaften am Sierra College, einem Community College in Rocklin, nördlich von Sacramento, und ist Mitglied der Sorority Alpha Gamma Sigma, deren Motto »Gute Moral, Wissen und Urteilsvermögen schulen« lautet. In ihrer Freizeit fährt sie häufig zum Navy-Krankenhaus im eine Stunde entfernten Oakland und besucht dort Soldaten, die aus dem sinnlosen Krieg in Südostasien gebrochen zurückgekehrt sind. Als Joseph DeAngelo sie zum ersten Mal sieht, kümmert sie sich gerade um die Tiere in der kleinen Menagerie der wissenschaftlichen Abteilung des Sierra College. Auf ihrer Schulter sitzt ein majestätischer brauner Uhu, ein Star umkreist sie. Da spricht der junge Mann mit dem hellen Haar, dem Seitenscheitel und den breiten Schultern sie an: Er würde gerne mehr über diese Vögel erfahren. Und ein bisschen mehr über sie. Die junge Frau ist fasziniert von ihm. Sie lächelt und lässt sich in ein Gespräch verwickeln.

In den Tagen darauf besucht Joseph DeAngelo Bonnie häufig im Labor. Er setzt sich zu ihr, und Bonnie erzählt von sich und ihrem Leben: von den Tieren, um die sie sich hier kümmert, von ihrer intellektuellen Familie, dem Haus in der Natur, kaum zehn Minuten entfernt. Am Wochenende fragt er sie, ob sie mit ihm ausgehen möchte, und sie sagt Ja. Manchmal spricht DeAngelo über Vietnam. Bei jeder Gelegenheit präsentiert er seinen linken Zeigefinger, von dem die Hälfte fehlt, und erzählt, er habe ihn im Mekong-Delta durch eine feindliche Kugel verloren. In Wirklichkeit war es ein dummer Unfall: Joseph hat sich den Finger bei Reparaturarbeiten selbst abgesägt, auf dem Schiff, auf dem er als Zimmermann arbeitete und das in den Kämpfen beschädigt worden war. Das Paar geht gerne am Folsom Lake spazieren, ein paar Kilometer von Sacramento entfernt, wo DeAngelo Bonnie das Tauchen beibringt. Er hat ihr auch ein 22 Long Rifle geschenkt, ein präzises und kraftvolles Gewehr, und nimmt sie mit auf die Jagd. Manchmal darf sie seinen strahlend blauen Plymouth Road Runner fahren, einen Sportwagen mit höllisch lautem Motor. Auf seinem Motorrad, einer Honda, rast er oft mit Höchstgeschwindigkeit durch die Straßen. Manchmal macht das Bonnie Angst, was DeAngelo genießt. Wenn seine Freundin sich erschrocken an ihn klammert, gibt er noch mehr Gas. Er zeigt gerne, dass er über den Regeln des gemeinen Volks steht, wie auch über den Gesetzen. Zäune und Privatgelände halten ihn nicht auf. Er schießt auf Geier, und einmal, als ein Schäferhund ihnen nachrennt, verpasst Joe ihm einen brutalen Tritt gegen die Kehle. Das Tier ist sofort tot. Der Sex mit Joe DeAngelo ist eine anstrengende und oft schmerzhafte Angelegenheit. Er ist unersättlich und kümmert sich nicht um die Gefühle und Wünsche seiner Partnerin.

Als sie ihn ihrer Familie vorstellt, hat Bonnie Angst vor der Reaktion ihres Vaters. Stan Colwell trägt gestreifte Krawatten, sein schütteres weißes Haar ist streng nach hinten gekämmt. Sie fürchtet, dass Joes Manieren ihm nicht gefallen werden. Aber die beiden Männer kommen gut miteinander aus. Stan Colwell hat im Zweiten Weltkrieg gekämpft und schätzt den jungen Vietnam-Veteran. Wie immer, wenn DeAngelo jemanden ins Herz schließt, verbringt er schnell so viel Zeit wie möglich mit seiner neuen Wahlfamilie. Er reitet ihre Pferde und erntet ihre Orangen. Er macht mit Bonnies Brüdern Ausflüge durchs County und lädt sie ins Autokino ein. Es existiert ein Foto des zukünftigen Verbrechers im gelben T-Shirt und mit schwarzen Jeans im Kreise der Familie Colwell. Bonnies Brüder knien in der ersten Reihe. In der zweiten Reihe hat DeAngelo den Arm um Bonnies Tante und Großmutter gelegt. Das junge Paar verlobt sich. In der *Press Tribune* in Roseville vom 14. Mai 1970 ist ein großes Foto von Bonnies lächelndem Gesicht abgedruckt. »Bald läuten die Hochzeitsglocken«, steht dort und dann kleiner: »Mr. und Mrs. Stanley B. Colwell […] geben die Verlobung ihrer Tochter Bonnie Jean mit Joseph James DeAngelo junior, Sohn von Mrs. Jack Bosanko aus Auburn und Joseph DeAngelo senior, Korea-Veteran, bekannt.« Doch zur Hochzeit wird es nicht kommen: Bonnie, die davon träumte, Ärztin zu werden, wird Krankenschwester; Joe will zur Polizei und schreibt sich an der California State University in der Innenstadt von Sacramento ein. Doch der junge Mann ist kein guter Student, seine Noten sind schlecht. Er bittet Bonnie, ihm zu helfen, bei seiner Psychologieprüfung zu schummeln. Das ist im Frühjahr 1971. Sie lehnt ab. Als Lehrertochter hat sie eine ausgeprägte Arbeitsmoral: Wenn Joe die Prüfung bestehen will, soll er büffeln und es aus eigener Kraft schaffen.

Dieser Betrugsversuch ist es, der die Beziehung der beiden ins Wanken bringt. Im Wohnzimmer der Colwells trennt sich die junge Frau von ihrem Verlobten und gibt ihm seinen Ring zurück. Joe stürmt aus dem Haus, außer sich vor Wut. Er schleudert den Ring in den Garten, dreht den Zündschlüssel und fährt mit quietschenden Reifen davon. Bonnie und ihre Brüder suchen den Rasen nach dem Ring ab, finden ihn aber nie.

Zwei Wochen vergehen ohne Kontakt zwischen dem ehemaligen Liebespaar. Aber wie so oft in Joseph DeAngelos Leben wird auch diese Geschichte ein nächtliches Nachspiel haben.

Gegen 2.30 Uhr schreckt Bonnie aus dem Schlaf. Vor ihrem Fenster sind Geräusche zu hören. Sie setzt sich in ihrem Bett auf, zieht den Vorhang beiseite und schaut direkt in Joes Gesicht – und in den Lauf seines Revolvers. »Zieh dich an«, flüstert er. »Ich nehme dich mit nach Reno, wir werden heiraten.« Die junge Frau springt aus dem Bett und rennt in das Zimmer ihres Vaters. Sie reißt ihn aus dem Schlaf und schreit, dass Joe da sei, dass er eine Waffe habe, dass er sie zu einer Hochzeit zwingen wolle. Sie will die Polizei rufen. Stan Colwell steht auf und sperrt seine Tochter im Badezimmer ein. »Du bleibst hier drin, bis ich dich hole«, befiehlt er ihr. Dann geht er hinaus zu Joe. Zwei Stunden lang sprechen die beiden miteinander. Dann kommt Stan zurück ins Badezimmer, wo die verängstigte Bonnie wartet, und sagt: »Joe ist weg. Geh wieder ins Bett.« Stan Colwell wird seiner Tochter nie verraten, worüber er mit Joe in dieser Nacht gesprochen hat. Sie hätte es gerne erfahren. Inzwischen fragt sie sich manchmal, ob die darauffolgenden Jahrzehnte wohl anders verlaufen wären, wenn ihr Vater an diesem Abend nicht versucht hätte, das Problem von Mann zu Mann zu lösen, sondern die Polizei eingeschaltet hätte.

16

Kris Pedrettis Haus steht in einer Sackgasse in Elk Grove im Sacramento County. Ein Schild an der Tür empfängt ihre Besucher mit den Worten: *Sie brauchen nicht zu klingeln ... Ich weiß, dass Sie da sind.* Ihre Gäste können also einfach abwarten, bis sie die Tür öffnet und sie durchs Wohnzimmer und die Küche in den Garten hinter dem Haus führt. Ein Dutzend Eichen, Bergahornbäume und Sträucher stehen dort friedlich nebeneinander; untermalt wird die Szenerie von der Musik eines Brunnens und dem Ballett der Eichhörnchen, die dort von Ast zu Ast hüpfen. Weiter hinter im Garten, in den tanzenden Baumschatten, steht eine Nachbildung des Grabsteins von Kris' Mutter, mit einer neuen Inschrift: *Versprich mir, nie zu vergessen, dass du mutiger bist, als du erwartest, stärker, als es dir selbst vorkommt, und klüger, als du denkst.* An die Wände der Gartenlaube sind Dutzende von handgeschriebenen Botschaften geheftet: *Bleibt stark, Schwestern, wir haben überlebt.* In dieser Laube trifft sich Kris seit 2018 regelmäßig mit anderen Opfern des Golden State Killers.

Das erste Treffen fand in Carol Dalys Garten in Sacramento statt. Dann hat Kris die Organisation übernommen. Beim ersten Treffen hat sie sich mit ihrer Nummer vorgestellt: »Hallo zusammen, ich bin Opfer Nummer zehn.« Und die anderen antworteten: »Ich bin Nummer einunddreißig«, »Ich bin Nummer fünf«, »Und ich bin das erste Opfer«. Heute sprechen sie sich alle mit Vornamen an. Jede kennt die Geschichte der anderen. Kris hat ihnen zum Beispiel erzählt, wie ihr Vater, ein Marinesoldat, damals beschloss, sie zwei Tage nach ihrer Vergewaltigung in ein christliches Camp an der Küste zu schicken. Dort sangen sie den ganzen Tag »Kumbaya« und beteten. Bei ihrer Rückkehr tat die Familie so, als wäre nie etwas gewesen. Eine andere Frau berichtete, sie habe nach dem Mord an ihrer Schwester jahrelang jede Nacht einen Schrank vor ihr Schlafzimmerfenster geschoben, damit niemand ins Haus eindringen konnte. Die nächste Frau erzählte, wie ihr Mann den Boden unter den Füßen verlor, nachdem die beiden von Joe DeAngelo überfallen worden waren. Irgendwann schoss er nachts auf ein vorbeifahrendes Auto, in dem lärmende Jugendliche saßen. Fast jede Nacht schlief das Ehepaar bei den Nachbarn, aus Angst vor der hereinbrechenden Dunkelheit.

Immer wieder tauchen auch neue Frauen bei Kris Pedretti auf, Frauen, die sie noch nicht kennt, und die erzählen, dass auch sie Opfer von Joseph DeAngelo sind. Manchmal fragt sie sich, ob die offiziellen Zahlen überhaupt stimmen. Ob es nicht irgendwo noch weitere Opfer gibt, die es nicht in die Statistik geschafft haben, deren Geschichten nie gehört wurden. Und bestimmt gibt es auch Geschichten, die niemand je zu hören bekommen wird, weil die Opfer längst verstorben sind.

Die Identität des Golden State Killers ist endlich enthüllt, aber da er jede Aussage verweigert, bleiben trotzdem viele Fragen offen. Genau wie Kris Pedretti gehen auch mehrere Ermittler davon aus, dass die Zahl der Opfer weitaus höher sein könnte als bislang angenommen. Außerdem bleibt unklar, wie DeAngelo die Frauen und Paare auswählte. Nach welchen Kriterien ging er vor? Er griff Teenager an und erwachsene Frauen, brünette, blonde und rothaarige, Ledige, Vergebene und Verheiratete, Frauen aus wohlhabenden und aus armen Verhältnissen. Ein weiteres Rätsel ist nach wie vor die Frage nach möglichen Komplizen. Ein Opfer meint, sie habe ihn sagen hören: »Hier, bring das ins Auto.« Eine andere Frau ist sich sicher, zwei verschiedene Stimmen im Haus gehört zu haben. Außerdem habe draußen mehrmals ein Fahrzeug gehupt, so als sollte der Einbrecher gewarnt werden. Eine dritte Frau berichtete der Polizei, ihr Angreifer habe zu ihr gesagt: »Mein Kumpel wartet draußen im Auto auf mich.« War das nur ein Bluff? Wollte der Golden State Killer so seine Spuren verwischen? Oder hatte er bei einigen seiner Ausflüge tatsächlich Begleitung? Ein ehemaliger Detective, der in dem Fall ermittelte, ist sich sicher, das Gesicht eines Verwandten von DeAngelo in einem der Phantombilder zu erkennen, doch der Verdächtige verstarb 2019, bevor er je verhört werden konnte.

Außerdem: Warum hörte Joseph DeAngelo 1981 auf zu morden? Warum fing er 1986 wieder damit an und hängte seine nächtlichen Touren dann im selben Jahr endgültig an den Nagel? 1981 und 1986 wurden DeAngelos ersten zwei Töchter geboren. Deshalb wird oft spekuliert, die Psyche des Mörders könnte durch die Vaterschaft beeinflusst worden sein oder er sei schlichtweg zu beschäftigt gewesen, sich um die Neugeborenen zu kümmern, um weiter Verbrechen zu begehen. Ken Clark, der Polizist, der DeAngelo festgenommen hat, tendiert zu Michelle McNamaras These. Im Jahr 1986 hielt die DNA-Analyse Einzug in jedem Police Department. Als Straftäter, der selbst bei der Polizei gearbeitet hatte, wusste DeAngelo sicher, was das bedeutete: Es würde jetzt noch schwieriger werden als zuvor, sich dem Gesetz zu entziehen.

Seit dem 27. April 2018 finden in Sacramento mehrere öffentliche Anhörungen statt. Der Richter diskutiert mit der Staatsanwaltschaft die Zulässigkeit verschiedener Maßnahmen. So wurde beispielsweise beantragt, dass DeAngelo weitere DNA-Proben entnommen werden sollten, dass Nacktfotos von ihm angefertigt werden und sein Penis vermessen werden sollte, da dieser von seinen Opfern oft als ungewöhnlich klein beschrieben wurde. Am 13. August 2018 wird DeAngelo noch eines dreizehnten Mordes angeklagt, des Mordes an Claude Snelling, dem Journalismusprofessor aus Visalia. Da Joseph DeAngelo für die Jahrzehnte zurückliegenden Vergewaltigungen nicht mehr belangt werden kann, klassifizieren die Staatsanwaltschaften von Sacramento County und Contra Costa County alle Fälle, in denen Opfer gefesselt und durchs Haus geschleppt wurden, als versuchte Entführungen. Dieser Strafbestand kann nicht verjähren und wird mit lebenslanger Freiheitsstrafe geahndet. Am 21. August 2018 wird gegen Joseph DeAngelo Anklage wegen dreizehnfacher versuchter Entführung erhoben.

Der mutmaßliche Täter ist bei einigen der Anhörungen anwesend. Manchmal steht er in einem vergitterten Käfig, immer in seinem orangenen Häftlingsanzug. Sein Gesicht ist seit seiner Verhaftung deutlich schmaler geworden. Früher hatte er ein rundes Gesicht und einen breiten Nacken, jetzt sind seine Schläfen eingefallen und die Haut am Hals schlaff und faltig. Sein Mund steht immer halb offen, und die wenigen Worte, die er spricht, sind so leise, dass man ihn kaum versteht.

Anne Marie Schubert, die Staatsanwältin von Sacramento County, kauft Joseph DeAngelo diese neue Rolle nicht ab. Sie ist überzeugt, dass sich der Mann nur ein weiteres Mal neu erfunden hat. Wenn er es geschafft hat, sich im Laufe seines Lebens abwechselnd als hochnäsiger Polizist, liebevoller Vater und zurückgezogener Nachbar zu präsentieren, warum soll er dann nicht auch den senilen alten Mann spielen können? Und diese Vermutung bestätigt sich: Sowohl am 1. als auch am 17. Juni 2020 erscheint Joseph DeAngelo im Rollstuhl zu seinen Gerichtsverhandlungen. Doch Videos, die an denselben Tagen in seiner Zelle aufgenommen werden, zeichnen ein ganz anderes Bild: Der Häftling steht auf und dehnt sich, als wollte er sich für ein Sportprogramm aufwärmen. Außerdem ist DeAngelo zu sehen, wie er auf sein Bett und von dort aus auf den Schreibtisch klettert, um die Lampen in seiner Zelle mit Karton abzudecken und so das Licht zu dämpfen.

Am 29. Juni 2020 wird der Deal verhandelt, den der Täter mit der Staatsanwaltschaft und dem Richter eingehen will. Um der Todesstrafe zu entgehen, die von vier der fünf kalifornischen Bezirksstaatsanwälte gefordert wird, muss sich DeAngelo des dreizehnfachen Mordes und der dreizehnfachen versuchten Entführung schuldig bekennen und fünfzig Vergewaltigungen gestehen. Er muss erklären, dass er der East Area Rapist, der Visalia Ransacker, der Original Night Stalker und der Golden State Killer ist. Die Justiz würde sich damit einen langwierigen, teuren und zu Coronazeiten kompliziert zu organisierenden Prozess ersparen. Und Joseph DeAngelo könnte dem Todestrakt entkommen.

Den ganzen Sommertag über sitzt der Serienmörder im Saal, das Gesicht zu einer Grimasse verzerrt, und hört dem Richter und der Staatsanwaltschaft zu, die die lange Liste seiner Morde und Vergewaltigungen herunterbeten. Zu jedem Mordfall und jeder versuchten Entführung murmelt er: »Schuldig.« Zu den Vergewaltigungen: »Ich erkenne die Tat an.« Die Mordopfer werden namentlich genannt, die vergewaltigten Frauen dagegen nur als »Jane Doe« bezeichnet, um ihre Privatsphäre zu wahren. Wie Kris entscheiden sich einige jedoch dazu aufzustehen, während ihre Geschichte verlesen wird.

Zwei Monate später, vom 18. bis zum 20. August 2020, bekommen sie außerdem die Möglichkeit, selbst das Wort an ihren Angreifer zu richten. Ein Opfer nach dem anderen stellt sich also an das Pult im Superior Court of California und erzählt, den Blick auf den alten Mann im orangefarbenen Overall gerichtet. Eine der Frauen hat ein Schild mitgebracht, das die kollektive Stimmung widerspiegelt: *Endlich … haben wir die Macht und die Kontrolle zurück.*

Kris Pedretti, ganz in schwarz gekleidet, ergreift ebenfalls das Wort. Detailliert erzählt sie von jenem Abend, dem 18. Dezember 1976. »Ich war damals ein ganz normales fünfzehnjähriges Mädchen, ich ging gerne zur Schule, übernachtete bei Freundinnen und ging in die Kirche. Es war eine Woche vor Weihnachten. […] Meine Welt war überschaubar, vorhersehbar und sicher gewesen, aber in dieser Nacht hat sich meine Welt verändert. […] Am nächsten Morgen wachte ich auf und wusste, dass meine Kindheit für immer vorbei war. Und obwohl ich froh war, noch am Leben zu sein, fühlte ich mich innerlich tot. Ist es nicht eine Ironie des Schicksals, dass Joe DeAngelo selbst nur Töchter und eine Enkeltochter hat? Keine Söhne. Keine Enkelsöhne. Ich habe Joe DeAngelo nur eins zu sagen: Stellen Sie sich Ihre Frau, Ihre Töchter und Ihre Enkelin im Alter von fünfzehn Jahren vor. Und dann stellen Sie sich vor, wie sie geknebelt und gefesselt werden, wie man ihnen die Augen verbindet, wie sie stundenlang vergewaltigt und gefoltert werden und währenddessen um ihr Leben bangen, weil ein fremder Mann mit einer Maske es jederzeit beenden könnte. […] Empfinden Sie Reue für das, was Sie mir angetan haben? […] Kein Gebet ist stark genug, um Sie zu erretten.« DeAngelo sitzt ihr gegenüber und verzieht keine Miene. Auch am nächsten Tag zeigt er auf die Worte einer anderen Frau keine Reaktion: »Ich hoffe, Sie verrotten in der Hölle.« Sie erklärt dann, dass sie heute von einer Freundin begleitet wird, Bonnie Colwell. Da Bonnie nicht zu den Opfern zählt, darf sie nicht selbst sprechen. Aber die Freundin tut es für sie: »Bonnie würde Ihnen gerne sagen, dass [...] Sie es nicht einmal mit vorgehaltener Waffe geschafft haben, sie zum Heiraten zu bewegen. Sobald Sie Ihr wahres Gesicht gezeigt hatten, war sie fertig mit Ihnen. [...] Wenn Sie Ihre Strafe antreten, werden Sie für Bonnie wieder in der Bedeutungslosigkeit verschwinden, und Sie werden nie wieder eine Rolle in ihrem Leben spielen. Amen.«

Am 21. August kommt Joseph DeAngelo schließlich zum letzten Mal in den Gerichtssaal. Es ist der Tag der Urteilsverkündung. Die Staatsanwaltschaft aus acht kalifornischen Bezirken ist anwesend, ebenso die Anwältinnen und Anwälte, Kris Pedretti, die Jane Does, ihre Angehörigen und ein Dutzend weiterer Opfer. Auch Carol Daly und Paul Holes sind da. Die Angehörigen von Joe DeAngelo, die sich seit seiner Verhaftung noch kaum zu Wort gemeldet haben, haben Briefe geschrieben, die während der Verhandlungen verlesen werden. Seine Schwester Rebecca schreibt, dass ihre »Liebe für Joe ungebrochen« sei. Sie begründet seine späteren Taten mit einer schwierigen Kindheit und einem »harten« Vater, der gegenüber ihrem Bruder und der Mutter »körperlich und psychisch gewalttätig« war. »Joe hatte mit so vielen Hürden zu kämpfen. [...] Natürlich kann das alles niemals rechtfertigen, was er getan hat.« Seine älteste Tochter beschreibt, er sei »der beste Vater gewesen, den sie sich vorstellen« könne. »Ich kann gar nicht in Worte fassen, was mein Vater alles für mich getan hat. [...] Er kümmerte sich um die Menschen, die er liebte, seine Freunde und seine Familie, und war immer großzügig und fürsorglich. […] Mein Vater brachte seinen Mitmenschen so viel Liebe, Wohlwollen und Einfühlungsvermögen entgegen. […] Er hat mir beigebracht, das Leben zu genießen und nichts für selbstverständlich zu nehmen. Ich selbst und meine Tochter empfinden tiefe Trauer darüber, dass er nicht mehr Teil unseres Lebens ist.«

Zuletzt erhebt sich Joseph DeAngelo selbst aus seinem Rollstuhl, zum ersten Mal seit Beginn des Prozesses, und ergreift das Wort. Zunächst steht er gebückt, dann richtet er sich langsam auf. Ein paar Sekunden lang schweigt er, dann nimmt er mit einer theatralischen Geste seine Coronamaske ab. Er spricht klar und artikuliert, mit tiefer Stimme: »Ich habe alle Ihre Berichte gehört, einen nach dem anderen. Und ich möchte aufrichtig um Entschuldigung bitten. Danke, Euer Ehren.« Dann setzt er sich wieder. Das war alles. Für die Opfer ein Schlag ins Gesicht. Vierundvierzig Jahre haben sie gewartet, auf diese »aufrichtige Entschuldigung«, ohne Überzeugung vorgetragen, als wäre sie eine lästige Pflicht.

Dann ist Richter Michael Bowman an der Reihe. Er verurteilt Joseph DeAngelo zu elf lebenslangen, konsekutiv zu verbüßenden Freiheitsstrafen ohne die Möglichkeit auf frühzeitige Entlassung, fünfzehn lebenslangen Freiheitsstrafen mit der Möglichkeit auf frühzeitige Entlassung sowie zu acht zusätzlichen Jahren Haft. Der Vergewaltiger und Serienmörder wird zwar nicht zum Tode verurteilt, aber darauf kommt es nicht mehr an. Er wird seine Strafe im Corcoran State Prison in Kalifornien absitzen – einem der härtesten Gefängnisse des Landes – und dort wahrscheinlich auch sterben. Während DeAngelo aus dem Saal gebracht wird, stehen alle Opfer auf. Der Saal hallt von ihrem Applaus wider. Sie klatschen so laut in die Hände, dass die Blicke der Journalisten und ihre Kameras den Mörder seinem kümmerlichen Schicksal überlassen und sich stattdessen auf die Opfer richten.

Epilog

Frühjahr 2022, Placer County

Der Weg zu Richard Shelby führt aus Sacramento hinaus, vierzig Minuten Richtung Norden nach Placer County. Ein ehemaliges Goldgräbergebiet, das abseits der großen Verkehrsadern liegt und nur über schmale, unbefestigte Straßen befahrbar ist. Zu Shelbys Ranch führt ein Pfad einen kleinen Abhang hinab. Ein gutes Stück Land trennt sie von den nächsten Nachbarn.

Der ehemalige Polizist hat Rancho Codova Ende der siebziger Jahre mit seiner Frau und seinen beiden Kindern verlassen und ist hierhergezogen. Seit er im Ruhestand ist, verbringt er seinen Alltag umgeben von Gänsen, Enten und Katzen und kümmert sich um seine Ranch, um die Mandarinen, die er verkauft, und den Rosmarin, den er auf dem Dachboden zum Trocknen aufhängt. Er liest auch viel. Vor Kurzem zum Beispiel die *Odyssee*: Eine Bestätigung für Shelby, dass sich die Welt in den letzten tausend Jahren nicht wirklich verändert hat.

Auch Richard Shelby hat im April 2018 als Erstes von Carol Daly gehört, dass der Golden State Killer endlich identifiziert worden war. Das war gegen fünf Uhr morgens. Richard Shelby reagierte, wie Richard Shelby immer reagiert: zurückhaltend. Einerseits empfand er eine riesige Genugtuung darüber, dass der Mann, den er jahrelang gejagt hatte, der Mann, der seinen Sohn eines Nachts in Angst und Schrecken versetzt hatte, endlich verhaftet worden war. Andererseits konnte er nicht umhin, auch Enttäuschung, ja sogar Scham zu empfinden, dass er an der Aufklärung des Falls in keiner Weise beteiligt gewesen war. Ihm sagte der Name Joseph DeAngelo ebenso wenig wie Carol Daly. Er war nie auf einer seiner vielen Verdächtigenlisten aufgetaucht. Richard Shelby zog kurz in Erwägung, zu den Gerichtsverhandlungen zu fahren, um Joseph DeAngelo einmal »Auge in Auge« gegenüberzustehen. Ein Teil von ihm hätte dem Mann gerne ins Gesicht und in die Augen geschaut; er wollte wissen, ob sie sich wirklich gänzlich unbekannt waren. Schließlich verzichtete er aber darauf. Der Mörder hätte ohnehin nicht die Worte gesagt, die Richard Shelby gerne gehört hätte. Also verfolgte Shelby den Prozess aus der Ferne in den Medien. Und am 21. August 2020, nachdem er erfahren hatte, dass DeAngelo zu mehreren lebenslangen Haftstrafen verurteilt worden war, kehrte er zu seinen Mandarinen, seinem Rosmarin und seinen Gänsen zurück und schloss mit der Vergangenheit endgültig ab.

Eigentlich hatte er das bereits zwei Jahre zuvor getan. Am Tag nach der Verhaftung des Golden State Killers im Jahr 2018 stellte Shelby sein Haus von oben bis unten auf den Kopf. Stundenlang wühlte er sich durch jede Schublade und jeden Schrank und kramte alles hervor, was irgendwie mit dem Fall in Verbindung stand: Polizeiberichte, Fotos, lose Notizzettel, Memos, USB-Sticks, CDs; all die vielen Bindeglieder zu diesen verfluchten Ermittlungen. Er lud alles auf seinen Traktor und fuhr damit auf eine kleine Anhöhe hinter dem Obstgarten. Dort schüttete er das ganze Material zu einem fast einen Meter hohen Hügel auf. Er zündete ein Streichholz an, warf es auf den Haufen und blickte in die Flammen. Er erinnert sich, dass die Polizeiberichte als Erstes Feuer fingen. Und dann, wenig später, war alles in Rauch aufgegangen.

CHRONOLOGIE

Stationen des Golden State Killers

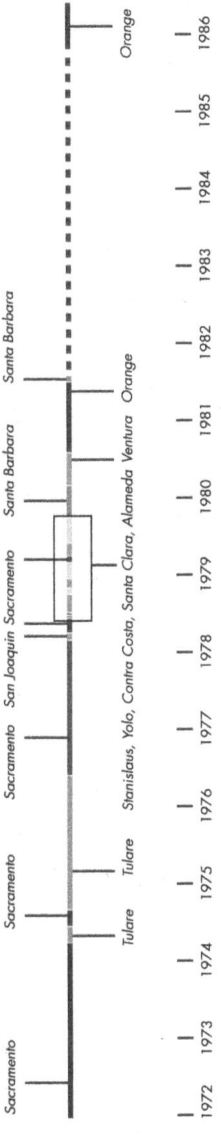

DER BUNDESSTAAT KALIFORNIEN

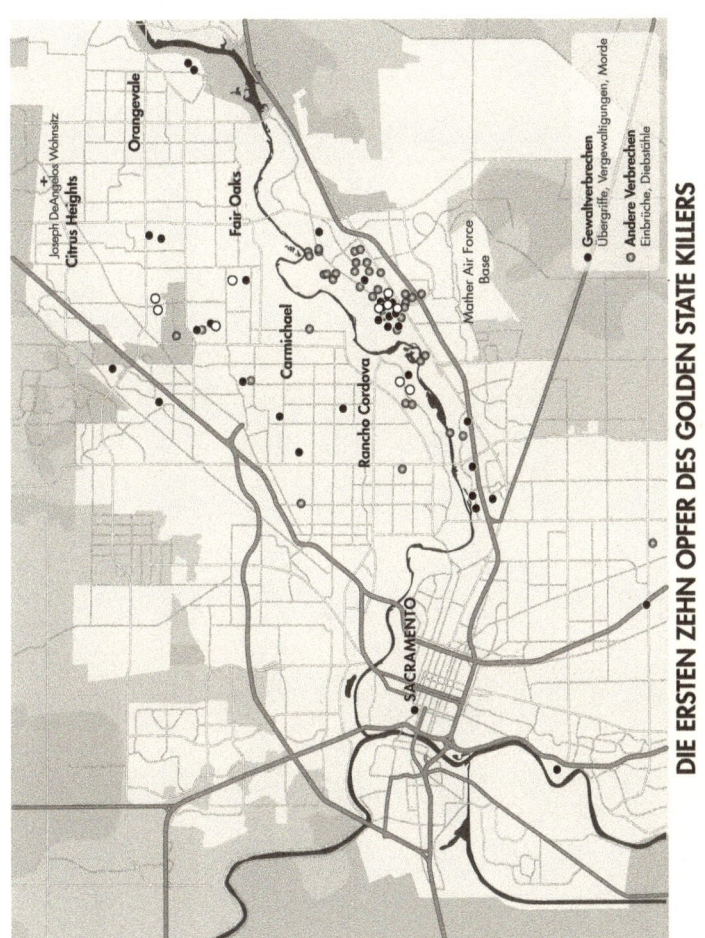

DIE ERSTEN ZEHN OPFER DES GOLDEN STATE KILLERS

Joseph DeAngelos Wohnsitz
Citrus Heights
Orangevale
Fair Oaks
Carmichael
Rancho Cordova
Mather Air Force Base
SACRAMENTO

● Gewaltverbrechen
  Übergriffe, Vergewaltigungen, Morde

◎ Andere Verbrechen
  Einbrüche, Diebstähle

Quellen

Bei meinen Recherchen hat mir Richard Shelbys Buch sehr weitergeholfen:

Hunting a Psychopath: *The East Area Rapist; Original Night Stalker Investigation – The Original Investigator Speaks Out,* 2014.

Außerdem stütze ich mich auf die folgenden Werke:

Michelle McNamara, *Et je disparaîtrai dans la nuit,* aus dem Englischen von Estelle Roudet, 2018.

James Huddle, *Killers Keep Secrets: The Golden State Killer's Other Life,* 2020.

Abgesehen davon stammen meine Informationen aus ausführlichen Interviews mit den im Buch vorkommenden Personen und aus Polizeiberichten.

Danksagung

Als Erstes möchte ich dem ehemaligen Lieutenant Richard Shelby danken, ohne den ich die gewundenen und leider blutigen Straßen Sacramentos in den siebziger Jahren nie so gut hätte kennenlernen können. Er hat mich zu sich nach Hause nach Kalifornien eingeladen, lange Gespräche mit mir geführt und seinen friedlichen Ruhestand geopfert, um mir Einblicke in die höllische Zeit seiner Suche nach dem Golden State Killer zu gewähren. Auf sein bemerkenswertes Gedächtnis, seine Großzügigkeit und seinen guten Willen, jede meiner Fragen zu beantworten, konnte ich mich während meiner Recherchen jederzeit verlassen.

Ein großer Dank gebührt auch seiner damaligen Kollegin, Deputy Sheriff Carol Daly. Trotz all der Gewalt und der Spuren, die diese bei ihr hinterlassen hat, war sie bereit, die Geheimnisse des Sheriff's Departments und ihrer rastlosen Jagd auf die Monster, die damals ihren Alltag bestimmten, mit mir zu teilen. Über vierzig Jahre lang war sie eine wichtige Stütze für die Opfer des Golden State Killers. Damit ist sie ein Vorbild für viele Frauen und hätte noch einmal ein eigenes Buch verdient.

Ich möchte außerdem Sergeant Ken Clark danken, der es mir durch seine Erzählungen ermöglicht hat, Joseph DeAngelos letzte Stunden in Freiheit fast hautnah mitzuerleben. Ich hoffe, dass auch er inzwischen seinen Ruhestand weitab von der erdrückenden Sonne Kaliforniens genießen kann und sich im dauerverregneten Washington State wohlfühlt.

Sie haben eingewilligt, mit mir gemeinsam noch einmal stundenlang in ihre schlimmsten Erfahrungen einzutauchen – und in die dadurch verdorbenen folgenden Jahrzehnte. Mir ist bewusst, dass diese Gespräche sehr schwer waren und ihnen viel abverlangt haben. Dafür möchte ich mich bei Kris Pedretti und Gay Hardwick bedanken. Ich wünsche ihnen, dass ihre Opfernummern, die ihnen über vierzig Jahre lang anhafteten, nach der Verurteilung DeAngelos ein wenig verblassen.

Und ich danke Anne Marie Schubert von der Staatsanwaltschaft in Sacramento dafür, dass sie mir in ihrem vollen Terminkalender einige Stunden eingeräumt hat. Danke auch an Michelle Cruz und Jennifer Carol, Schwester und Tochter von damaligen Opfern des Original Night Stalkers.

Ein weiterer Dank geht an meine Mutter und meine Schwester, denen ich den Urlaub mit meinen blutigen Geschichten verdorben habe.

Und zu guter Letzt möchte ich drei Menschen von Herzen danken, ohne die dieses Buch nie entstanden wäre: meiner Lektorin Elsa Delachair, und Franck Annese und Stéphane Régy von *So Press*. Ersterer bin ich für ihre wertvollen Ratschläge, für ihr Vertrauen und für ihre Toleranz gegenüber meinen verspäteten E-Mails dankbar. Franck und Stéphane danke ich für alles. Hätte ich nicht die Chance bekommen, mit euch zusammenzuarbeiten, wäre ich heute nicht der Journalist, der ich bin.

William Thorp

William Thorp studierte Journalismus an der ISCPA École de communication, de journalisme et de production in Paris. Er realisierte bereits Reportagen für *Winter Productions*, *Bangumi* und *So Press*, nicht nur in Frankreich, sondern auf der ganzen Welt: London, San Salvador, New York, Los Angeles, Kapstadt, Cancún, Port-au-Prince, Vancouver ... Heute lebt Thorp in Courbevoie, nahe Paris, und ist als Journalist für *Vakita* tätig. *Und dann verschwinde ich in die Nacht* ist sein erstes Buch.

TRUE CRIME IM KAMPA VERLAG

Andrea Maria Schenkel
Richtet sie hin!
Historische Fälle

Ist der Mensch per se böse –
oder wird er dazu gemacht?

Milliardärssohn Harry Kendall Thaw, der Harvard University verwiesen, nachdem er einen Taxifahrer mit einer Schrotflinte durch die Stadt gejagt hatte, war besessen von dem New Yorker Stararchitekten Stanford White. Seine Obsession führte so weit, dass er White 1906 auf der Dachterrasse des von ihm entworfenen Madison Square Garden aus nächster Nähe erschoss. Hans Schmidt, zeit seines Lebens Sonderling und Einzelgänger, ermordete im Herbst 1913 das Hausmädchen seiner Pfarrei in Harlem, zerstückelte ihre Leiche und versenkte sie im Hudson River. Später gab er an, von Gott den Befehl erhalten zu haben, Anna zu opfern. Schmidt ging in die Geschichte ein als einziger Pfarrer, der in den USA hingerichtet wurde. Carl Panzram ermordete nach eigenen Angaben über zwanzig Menschen, suchte immer nach den Schwachen, den Harmlosen, den Ahnungslosen, und wurde doch nur für ein Tötungsdelikt verurteilt. Bestsellerautorin und Kriminalreporterin Andrea Maria Schenkel hat historische Kriminalfälle gesammelt, recherchiert und aufgeschrieben.

TRUE CRIME IM KAMPA VERLAG

Christine Brand
Bis er gesteht
Der Fall der toten Kinder

»Christine Brand lässt den Leser
in schauerliche menschliche Abgründe blicken.«
Martina Läubli / Neue Zürcher Zeitung

Ausgerechnet an Weihnachten, um genau 3.31 Uhr, geht bei der
Polizei ein Notruf ein: am Apparat ein verzweifelter Vater, der
den Tod seiner beiden Kinder meldet. Was ist passiert? Mitten
in der Nacht wird Bernhard Scherrer von seiner Frau geweckt:
Sie hat Angst, irgendetwas stimmt nicht. Scherrer steht auf. Ein
Fenster steht weit offen. Jemand muss in ihre Wohnung eingebrochen sein. Sofort sieht er nach den beiden Kindern und findet
sie reglos in ihren Betten: Sophie und Noah, acht und sechs Jahre
alt, sind tot. Noch in derselben Nacht wird Bernhard Scherrer in
Untersuchungshaft genommen. Anklage: Mord. Von einem Moment auf den anderen wird sein Leben ein Albtraum, der kein
Ende nehmen will. Anhand der Befragungen des Verdächtigen
durch die Kommissarin, den Aussagen des Polizisten, der in
der Nacht als Erster vor Ort war, und von Beamten der Spuren-
sicherung, der Rechtsmedizinerin, des forensischen Psychia-
ters, Nachbarn und Bekannten der Scherrers zeichnet Christine
Brand das Leben der Familie und eine unbegreifliche Tat nach.